왕의 알현실

하나님을 만나 뵙는 보좌기도의 자리

THRONE ROOM

왕의
알현실

PRAYER

브라이언 & 캔디스 시몬스

규장

중보자, 동역자여!
더 깊고 단단한 기도의 세계로 들어가라

많은 그리스도인과 마찬가지로 나도 기도의 여정에서 가끔씩 오르막과 내리막을 겪어왔다. 기도를 멈출 수 없을 정도로 예수님과 함께 있어 그분께 내 마음을 다 쏟아내는 것에서 순전한 기쁨을 느낀 날들이 있는가 하면 그다지 감동을 느끼지 못한 날들도 있었다. 나는 기도 생활을 해나가면서 사랑하는 그분께 기대고 천상 세계에 계신 예수님과 기도 동역자가 되기를 배우고 있다. 예수님이 내 기도 생활이 되었다. 여기의 기록은 기도 안에서 예수님과 하나가 되어가는 과정을 고스란히 보여준다.

나에게 기도를 가르치고 함께해준 동역자들

여러 사람이 내가 기도를 배울 수 있도록, 기도 생활이라는 통장을 두둑하게 만들어주었다. 사랑하는 남동생은 내가 그리스도 안에서 새로운 삶을 시작하는 초반에 하나님께 이끌려서 나와 기도 동역자가 되었다. 아직 스스로 나약하고 부족한 면이 많다고 느끼고 있던 젊은 내게 그것은 큰 변화였다.

밥 벤스와 함께 기도한 일도 무엇보다 달콤한 추억이다. 그가 방에 들어올 때면 풍기던 하나님의 임재에 관해서는 많은 사람이 증언할 수 있을 것이다. 그는 내게 언제나 무엇에 관해서도 담대한 믿음과 눈물로 기도할 수 있음을 가르쳐주었다.

기도에 관해 가르칠 뿐만 아니라 몸으로 살아내는 것으로 내게 영향을 주었던 어르신들도 계시다. 그분들은 대부분 지금 하늘나라에서 영원한 상을 즐기고 있는데, 두안 스토우스, 짐 오스테윅, 로버트 카민스키, 그리고 클래런스 프리디와 같은 분들이다. 내가 기도의 사람이 되도록 영향을 미치고 나에게 도전을 주셨던 그분들에게 한없이 감사드린다.

이분들 외에도 이 기도의 여정에서 나를 돕고 멘토가 되어준 사람은 바로 나의 보물이자 사랑하는 아내인 캔디스이다. 아내는 오늘날 지상에서 가장 깊은 예언의 우물 중 하나이다. 나는 그녀 안에서 내 영혼을 다그치기도 하다가 위로하기도 하며 끊임없이 일하시는 기도의 영을 보았다.

아내는 45년의 사역 기간 내내 언약의 동역자로서 지구의 끝까지 나를 따라주었다. 아내에 대한 사랑을 어떻게 말로 할 수 있을까? 캔디스는 내게 예수님이 우리의 기도 듣기를 좋아하신다는 것을 가르쳐주었으니, 내가 그만한 기도의 동역자를 어디에서 얻겠는가! 이 책을 나와 공저한 것에도 고마울 뿐이다.

예수님과 동역하는 기도의 여정으로 뛰어들라

이 책을 읽어가면서 유리 바다 위에서 예수님과 기도 동역자가 될 때 놀라운 일들이 일어나기를 기대하라. 이제 당신이 읽을 내용은 예수님과 하나 되기를 갈망하는 내 마음의 표현일진대, 그 하나 됨은 단지 이 땅에서만이 아니라 천국에서도 그러할 것이다. 천상의 세계는 내가 바라보는 바 나의 영원한 기쁨이다. 나는 당신이 이 책을 읽으면서 기도의 여정에 풍덩 뛰어들기를 기도한다. 당신이 성숙한 신자이든 새로 믿음을 갖게 된 신자이든, 이 책은 당신을 위한 것이다.

이 책에서 당신은 기도, 중보기도 그리고 천상계에서 예수님과 하나 되는 것에 대한 기본을 배울 것이다. 예수님은 진정으로 당신과 내가 그분 마음의 메아리가 되어 그분과 함께 영원한 생명을 나누고, 우리의 열정적인 기도를 통해 세상을 변화시키기를 바라신다.

당신의 마음을 다하여 읽어라. 깊이 들어가라. 이 기도 공부에 매진할수록 더 많은 것을 받게 될 것이다. 처음 한두 장(chapter)은 매우 기초적인 것으로 보일지 모르지만, 기도는 깊고 단단할수록 좋다.

책의 앞에서 각 장의 도입부를 보고 그것이 유리 바다로 당신을 데려다줄 사닥다리 혹은 계단이라고 보게 될지도 모른다. 이 나선형 DNA 구조와 같은 모습을 한 사닥다리를 오른 후에는 당신이 사랑하는 그분과 하나 되는 '알현실의 기도', 즉 '보좌기도'라는 황홀한 경험으로, 천국으로 비상하게 될 것이다.

우리 부부는 이 책이 당신이 기도에 관해 읽은 책 중에서 가장 격려가 되는 책으로 만들어주시기를 하나님께 구했다. 나는 당신이 여정의 어느 지점을 통과하고 있든지 영광스러운 기도의 구름으로 당신을 곧바로 쏘아 올려줄 추진 로켓을 각 페이지마다 발견하게 되기를 기도했다. 그 로켓을 타고 풍광을 즐기게 되기를! 다만 고소공포증이 없기를 바랄 뿐! 이제 나와 함께 기도하는 것으로 여행을 시작해보자.

사랑하는 주 예수님,
제가 주님을 사랑하는 것을 주님은 아십니다. 제가 유리 바다에서 주님의 기도 동역자가 되기를 바라는 것도 아십니다. 제게 주님의 제자들에게 가르쳤던 것과 같은 기도를 가르치소서. 제가 기도할 때에 저를 당신의 세계로 데려가서서 당신과 하나 되게 하소서. 제가 기도하고 싶지 않을 때는 주님이 겟세마네 동산에서 어떻게 기도하셨던가를 기억하게 도우소서.

기도를 가르치시는 주님의 가르치심에 저 자신을 드립니다. 제가 기도를 최우선 순위로 삼아 기쁨이 되는 것을 배울 때 제 삶을 변화시켜 주소서. 주님이 원하시는 대로 제게 기도 제목을 주소서. 당신께 저를 드립니다. 저는 주님을 사랑하는 분, 친구, 기도 동역자라고 부르겠습니다. 주님의 은혜를 오늘 제 삶에 심어주소서. 예수님의 이름으로 기도합니다. 아멘.

프롤로그

THRONE ROOM PRAYER

왕이신
하나님을
뵙는 자리

1

하나님을 향한 목마름

하나님이여
사슴이 시냇물을 찾기에 갈급함같이
내 영혼이 주를 찾기에 갈급하니이다

시편 42편 1절

유리 바다 위에서 예수님과 하나가 되는 여행에 합류하여 주님의 기도 동역자가 되어라. 유리 바다에 관해서는 22장에서 더 이야기 하겠지만 지금은 그저 유리 바다란 요한계시록에서 우리가 배우게 될 기도의 장소라는 정도만 알도록 하자.

아내와 나는 예수님을 알고 싶었고, 다른 사람들도 그분을 아는 데에 도움이 되기를 간절히 원한다. 우리는 수치심과 죄책감, 무가 치함, 부족함과 같은 감정 없이 기도하는 방법을 알려주기 원한다.

복음서를 읽어보면 예수님이 사람들에게 기도에 관해 부끄러워 하게 하거나 기도하지 않는다고 야단치시는 장면은 발견할 수 없 다. 그분은 "왜 더 많이 기도하지 않느냐?"라고 제자들을 다그치지 않고 '기도할 때'를 알려주셨다. 주 예수님은 우리가 기도 생활을 발전시킬 때 겪게 되는 전투를 이해하신다는 느낌이 들기도 한다.

우리의 모든 것은 하나님을 위해 만들어졌고 그분의 임재를 위 해 창조되었다. 우리 마음에는 그분을 알고자 하는 간절한 바람이 있게 되는데 그것은 우리 모두 그분의 형상으로 이루어졌기 때문이다. 누구나 이 지상의 아버지를 더 잘 알고자 하는 마음이 절실하듯이 인류 모든 사람에게 하늘의 아버지를 알고 싶은 깊은 갈망이 존재한다. 그것을 하나님을 향한 영혼의 갈증이라고 불러도 좋다.

우리는 그분의 임재에 들어가 그 앞에 나아갈 때 진정한 자아의 원천과 연결되며, 하나님의 임재 안에서 힘을 얻는다. 우리는 그분의 보좌가 있는 왕의 알현실에서 생명으로 나아가게 되는데, 그분과 교통하는 것에 비교할 수 있는 것은 절대 없기 때문이다!

우리는 모두 하나님 아버지의 살아있는 그릇이 되어 그분의 모든 것을 담도록 지음 받았다. 하나님은 우리의 내용물이자 본질이시며, 우리는 그분의 그릇, 그리스도의 그릇이다!

사람이 없이는 하나님은 그분 자신을 담아낼 수 없고 그분의 생명을 쏟아낼 곳이 없다. 그분은 자신의 지혜와 질서로 우주를 채우실 수 있지만 쉼이 있는 곳, 집을 열망하신다. 하나님은 실로 당신이 그분의 완전함이 되게 하시고 이 세상에서 그분의 충만함이 되게 하신다(엡 1:17-23).

하나님을 갈구할 때 우리는 영혼의 영원한 갈망에 연결된다. 마치 쫓기는 사슴이 헐떡이며 시원한 물을 찾듯이, 목마른 우리는 살아계신 하나님을 찾는다. 때로는 이러한 갈증이 너무 심해지기도 한다. 그 물을 찾는 여정에서 우리와 함께할 때 당신은 생명의 샘물로 시원하게 갈증을 해소하지 않고는 더 나아갈 수 없으며 기도가 그 해갈이 되어준다는 것을 알게 될 것이다.

우리 부부는 여러 해 동안 주님을 찾으면서 그리스도와 사는 길은 그를 호흡하는 것이며, 그를 호흡하는 방법은 끊임없이 그를 부르는 것임을 발견했다. 디모데전서 6장 12절에서 바울은 이같이 말한다.

영생을 취하라 이를 위하여 네가 부르심을 받았고

영생을 위해 부르심을 받았으니 이제 우리는 밤낮으로 그리고 낮밤으로 주님을 부름으로써 이 영생을 취하여야 한다. 그를 부름으로써 우리는 그를 숨 쉬어 들인다.

기도에 관해 배운 내용 중에서 가장 위대한 교훈은 예수님이 내 기도의 생명이시라는 것이다! 예수님은 우리의 생명이자 힘이시며, 우리의 성공과 영광에 대한 소망이 되신다. 그분은 우리 기도의 생명이며 능력이시다. 내 안에 계신 예수님이 내 기도의 생명이시니, 모든 중보자는 그분의 기도 동역자 되기를 열정적으로 구해야 한다.

내 안에 계신 그분은 언제나 기도하신다! 그분은 나를 위해, 그리고 내 안에서 중보를 이루기 위해 사신다! 정말로 이 사실을 믿을 때, 제대로 기도하지 못한다는 두려움을 날려버릴 수 있다!

하나님은 우리에게 예수님을 붙잡고 그분의 능력을 빌려 쓸 수 있는 특권을 주셨다. 영원하신 하나님께서 그들을 취하고 교제하시면, 나약하고 부족한 사람이라도 그분의 목적을 이루는 일에 동역하여 그분과 함께 통치하게 된다.

당신이 온종일 중보기도를 하면 하루 종일 두 다리로 걸어 다니는 기도회를 여는 셈이다. 자녀를 키우고 가정을 돌보느라 바쁜 엄마들, 일에 치여 사는 사람들, 학생들과 목회자들 누구나 일상생활을 하면서 기도로 섞일 수 있다. 중보기도자는 어떤 일이 벌어지든지 기도의 영을 끊임없이 유지한다.

우리가 하나님을 부르면 하나님은 우리를 그분의 마음으로 들이신다. 하나님은 우리가 그분과 함께 시간을 보낼 때 삶을 변화시키는 능력이 흘러나오게 됨을 아신다. 그리고 인내하며 그분을 향해 경배할 때 우리가 변화된다는 것도 아신다.

하나님에 대한 사랑이 내게 가득 차야 한다. 하나님을 더 사랑할수록 우리는 그분과 더 많은 시간을 보내게 되고, 하나님과 보내는 시간이 많아질수록 우리 영혼은 그분의 형상으로 변화된다(고후 3:18 ; 요 14:21). 우리가 기도 안에서 마음을 하나님께 드리면 하나님은 그분의 마음을 우리에게 주시고 우리를 내면 깊은 곳에서부터 변화시키신다. 기도에 마음을 쏟을수록 하나님의 임재를 더 많이 경험할 것이다.

지성소는 하나님 아버지의 마음이다

당신과 지성소 사이를 가르고 있던 휘장이 아버지 하나님의 손으로 찢겨 나갔음을 생각해보라. 하나님의 마음이 그 열린 틈을 뚫고 당신 안으로 들어온다고 상상하라. 그때 당신은 하나님이 정말로 다정하고 자비로우며 용서하는 분이심을 알게 될 것이다.

기도는 하나님의 마음을 들여다보게 하는 민감한 장치이다. 하나님은 당신을 똑바로 보면서 왜 이리 오래 걸렸냐고 다그치시는 분이 아니라 자신의 가슴을 찢어서 열고 당신을 받아들이며 당신이 그분을 외쳐 부르는 소리를 들을 준비를 하는 분이시다. 하나님은 당신의 기도를 듣는 것을 좋아하신다.

기도는 해야 할 짐이나 의무가 아니다. 기도는 우리의 특권이며 사용하기 쉬운 도구이다. 기도는 황홀한 하나님의 임재에 들어가는, 즐거움이 가득한 경험이다. 우리를 맞아들이기 위해 가슴을 찢으시는 아버지 하나님의 마음을 이해한다면 기뻐하며 즐거이 그분의 임재 안으로 뛰어들게 될 것이다. 다시 기억하라, 하나님을 사랑하면 기도는 어렵지 않다!

우리는 필요한 것을 받기 위해서뿐만 아니라 하나님을 알기 위해서 기도한다. 모든 기도는 하나님과 하나 되는 것이다. 우리의 마음과 정신, 그리고 하나님과 함께하고픈 열망은 영원에 닿을 때 하나님에게 연결된다. 입술을 열어 그분의 이름을 부를 때 우리 마음은 천국을 향해 드리워진다. 기도할 때 우리가 구하려는 모든 필요보다 하나님 아버지의 마음을 만족시키는 것이 우선이어야 한다.

당신은 말로 하나님께 나아가는 제사장이며, 보좌 앞에 서는 사역을 담당하는 제사장이다. 기도는 인간이 할 수 있는 가장 위대하고 가장 고상한 행위이다. 우리의 진정한 사역은 사람들 앞에서 어떤 것을 하느냐가 아니라 주님 앞에서 어떤 사람이냐는 것이다(벧전 2:5-9).

사람들은 대부분 사역의 규모, 영향을 미치는 사람들의 숫자, 책의 판매 부수로 사역을 측정하지만, 천국에서 우리의 사역은 하나님과 함께하는 것이다. 우리는 하나님을 섬기고, 그분을 기다리며, 그분께 마음을 쏟고, 그분의 목소리를 듣는다. 그렇다. 진정한 사역은 이 땅의 가치로서는 전혀 측정할 수 없고, 오직 천국의 영광에 의해서만 측정할 수 있다.

기적이 일어나는 곳마다 기도가 발견된다. 하나님은 그 백성의 기도에 응답하기 위해 기적을 일으키는 능력을 펼치신다. 당신은 천국에서 기적의 능력이 내려오도록 기도할 수 있는 사람이다. 우리는 '요란을 떠는 것'이 아니라 '기도로 내려오게' 한다. 기도를 더 많이 할수록 능력이 더 많아진다는 의미이다. 기도 없이는 예수님이 우리에게 하리라고 말씀하신 더 큰 일들은 고사하고, 그분이 하신 일들도 행할 수 없다.

기적은 당신의 기도를 기다리고 있다. 우리가 원하는 모든 것이 천국에 있으며, 우리의 기도는 천상에서 살아난다. 지금은 더 담대한 기도를 할 때이다! 담대한 기도가 큰 기적을 일으킨다. 남들이 다 기적을 경험할 때 당신만 빠지지 않기를! 당신의 기도가 당신의 마음을 먼저 움직이지 않는다면 하나님의 마음이 움직일 리 만무하다! 열정을 가지고 기도하라. 그러면 기적이 흘러나올 것이다(눅 5:15,16 ; 요 14:12-14).

우리는 왜 기도하는가?

'기도'라는 말을 듣고 사람들이 보이는 첫 반응은 대부분 살아계신 아버지 하나님과 교통하는 기쁨보다는 정죄에 대한 두려움이다. 많은 사람이 하나님은 화가 나셨거나 통탄해하신다고 생각한다. 그들은 하나님이 죄인, 타락한 자, 기회를 날려버리는 자 모두에 대해 화를 내고 계신다고 상상한다. 화를 내는 것까지는 아니라도 적어도 하나님의 방식을 저버린 세상에 대해 통탄해하시며 울적해하신다고 생각한다.

그러나 우리는 하나님을 행복하신 하나님으로 보아야 한다. 그분은 연약한 사람을 기뻐하고 우리의 기도를 좋아하시며, 우리에게 영향을 미치는 모든 것에 감동 받으신다. 기도는 하나님의 마음을 감동시킨다. 믿기 힘들겠지만, 주 예수님은 우리가 기도의 삶을 발전시킬 때 겪는 어려움을 이해하신다. 우리의 모든 약함을 아시기 때문이다!

아가서 2장 14절은 "네 소리는 부드럽고 네 얼굴은 아름답구나"라고 말씀한다. 여기 어디에 비난이 들어있는가? 죄책감은 기도의 가장 큰 방해꾼이다. 죄책감은 그리스도인의 생활에 좋은 동기가 되지 못한다. 한동안은 어떤 결과를 가져올 수도 있'겠'지만 우리 영혼에는 끔찍한 뒷맛을 남긴다.

죄책감으로 기도하면 절대로 충분히 기도했다는 기분이 들지 않을 것이고, 결코 올바른 열정과 올바른 어휘로 완벽하게 기도했다고 느끼지도 못할 것이다. 하나님은 죄를 기록해두지 않으신다. 아버지 하나님의 귀에는 우리의 목소리가 부드럽게 들릴 뿐이다. 하나님은 말씀하신다.

"내게 나아와 기도해라. 기도하는 네 목소리를 들려주려무나."

이것은 당신을 향해 "일어나 기도하라" 하시는 초청이다. 이제 당신에게 어떤 필요가 있더라도 하나님을 예배할 시간이다. 하나님을 부르는 당신의 목소리가 얼마나 아름다운지 안다면 그분의 마음이라는 비밀의 방으로 자꾸만 달려가게 될 것이다. 예수님은 당신을 이렇게 부르신다.

"내가 사랑 안에 숨겨진 그곳에서 너는 얼마나 사랑스러운지 모르겠구나. 네 마음의 소리를 들려다오. 내가 네게 응답하리라. 네 목소리는 내게 음악 같아서 달콤하고 듣기 좋구나."

그분은 당신과 교통하기를 기다리며 고대하신다. 주님의 프라이버시 좀 침해하면 어떠랴! 어린아이처럼 주님의 임재로 달려가서 그분을 사랑하라. 당신의 언어를 자유롭게 하라. 당신의 마음을 말로 표현하라. 어린아이가 자기 아버지를 기뻐하듯이, 오직 아버지의 사랑을 얻으려고 아버지의 무릎 위로 기어 올라가지 않을 이유가 무엇이겠는가?

하나님께서 술람미 여인에게 말씀하시듯 당신과 내게도 "내가 너를 기뻐하노라"라고 말씀하신다. 예수님은 항상 우리와 교제하는 시간을 즐거워하신다. 당신이 있는 곳에서 당신을 바라보며 이렇게 말씀하시는 예수님을 상상해보라.

"나는 너를 기뻐한다. 나는 너를 즐거이 부르며, 너를 사랑한다!

이기적인 삶에서 벗어나 내가 너의 내면에 있는 족쇄와 내게서 멀어지게 만드는 두려움을 깨버리도록 도우라. 내게 예배하라. 그 예배가 달콤하구나."

예수님이 기도하는 당신의 목소리를 기뻐하고 사랑하신다는 것만 생각하라.

◆ 오 늘 의 기 도 ◆
Today's Prayer

주 예수님, 당신은 제 마음을 얻으셨습니다. 주님은 제 목소리가 달콤하다 여기시며, 제 기도를 듣기 좋아하신다고 말씀하십니다. 주님의 사랑은 제 마음을 강하게 하는 힘이 됩니다. 오늘 당신의 사랑을 더 많이 보여주소서. 제 기도가 주님의 마음을 움직여서 저를 변화시키기를 원합니다. 기도가 얼마나 귀중한지 가르쳐주소서. 당신의 얼굴을 구하며 당신의 영광을 바라보기 위해 일찍 일어나도록 도우소서. 나의 주 나의 하나님, 주님을 신뢰합니다. 아멘.

2

기도의 신비

우리 구원의 하나님이시여
땅의 모든 끝과 먼바다에 있는 자가 의지할 주께서
의를 따라 엄위하신 일로 우리에게 응답하시리이다

시편 65편 5절

기도의 신비를 생각해본 적이 있는가? 기도는 단순 명쾌하기도 하지만 동시에 심오하기도 하다. 기도는 세상을 변화시켜왔고, 인류 역사에 사람이 계산할 수 있는 어떤 것보다 더 영향을 미쳤다. 기도는 신성하고 거룩하며, 당신을 하나님의 마음으로 끌어당길 영광에 찬 신비이다. 기도는 인생을 최고의 경지에 오르게 한다! 하나님께 말하고 그분의 마음을 들을 때 기도는 우리를 하나님의 임재라는 무한의 영역으로 데려간다.

성경에 600개가 넘는 기도가 있다는 것을 아는가? 심지어 이것은 음악에 맞춘 기도인 150편의 시편은 들어가지도 않은 숫자이다. 기도할 때 우리는 실제로 예수님, 성령님과 동역자가 된다. 진정으로 당신을 사랑하는 친구는 항상 당신이 부르는 소리를 들을 것이다. 예수님은 그러한 친구이므로 결코 당신을 떠나거나 무시하지 않으신다.

우리 마음이 하나님의 아들을 심히 사랑하기에 우리는 그분에게 부르짖는다! 우리는 기도를 통해 그분의 인자함을 배울 수 있으며,

그분은 우리의 부르짖음을 듣는 것과 우리와 함께 시간 보내는 것을 좋아하신다.

우리는 하나님께 선물(present)이 아니라 그분의 임재(presence)를 구하는 사람이 되어야 한다. 주기도문은 '우리의 필요'가 아니라 "우리 아버지"를 부름으로써 시작한다. 기도의 가장 높은 경지는 경배이지, 불평이 아니다. 기도할 때 그분의 사랑으로 우리 마음의 진실한 필요가 응답받으면서, 사랑하는 주님과의 우정이 깊어지고 달콤해진다(아 2:14).

기도는 예수님의 최우선 순위였다

많은 경우 예수님은 홀로 기도하심으로 하루를 시작하셨다. 세례를 받고 성령이 내려왔을 때도 예수님은 기도 중이셨다. 예수님은 아버지와의 친밀한 기도 생활을 통해서 능력과 지혜와 전략을 받으셨다. 복음서에서 25번 넘게 예수님의 기도 장면을 볼 수 있는데, 주님은 공생애 마지막 시간에도 기도하셨고 십자가 위에서도 기도하셨다. 주님의 사역 모두 그 뿌리는 기도였다. 예수님이 그러신 만큼 우리도 홀로 아버지와 함께하는 시간을 열망하기를!

기도하실 때에 용모가 변화되고 그 옷이 희어져 광채가 나더라 눅 9:29

예수님의 용모가 변화되신 이 일은 사복음서에 세 번이나 나온다. 그 장면은 예수님의 삶과 사역에서 가장 특징적인 순간 중의 하나로 여겨진다. 그러나 나는 여기서 "기도하실 때에"라는 말에 주목한다. 하나님의 눈에 우리가 어떻게 보이는지를 알려주기 위해 하나님은 우리가 '기도할 때' 나타나신다. 우리가 원하는 그 진정한 변화는 우리가 '기도할 때'에 찾을 수 있다.

그 아들이신 성자께서 하나님 아버지의 임재 안에 계속해서 머무는 것을 최우선 순위로 삼으셨다면, 우리의 우선순위도 당연히 그러해야 할 것이다. 우리 주 예수님의 기도 습관은 모든 것을 우선하여 하나님을 구하는 사람들에 의해 이 땅 위에서도 행해질 것이다. 예수님은 당신을 위해 완벽한 기도 동역자가 되신다(마 14:23 ; 막 1:35 ; 눅 6:12).

기도는 영적인 눈을 뜨게 한다

하나님의 성령은 감긴 눈을 뜨게 한다. 우리는 모두 죄로 인해 눈이 감긴 채로 태어났으나 거듭날 때 하나님의 영은 그 보이지 않던 눈을 열어주신다. 오직 성령에 의해서만 우리는 기도에서 영적인 눈을 받게 된다. 그리고 진정한 영적 통찰력은 예수님을 알고자 하는 겸손한 소망과 함께 온다. 기도할 때 많은 것이 당신에게 보여질 것이다. 주변의 영적 세계를 볼 수 있도록 눈이 열리기를 기대하라.

하나님의 나라는 우리가 닿을 수 있을 만큼 가까이 있다. 예수님을 평생의 기도 동역자로 삼을 때 거룩한 비밀이 당신에게도 나누어질 것이다. 기도하라. 그러면 하나님은 그리스도의 영광을 볼 수 있는 눈을 열어주실 것이다(왕하 6:16,17 ; 엡 1:17,18 ; 고전 2:9,10).

기도는 다른 사람을 사랑하는 마음의 표현이다

진정한 예수님의 기도 동역자는 다른 사람들에 대해 관심을 가지려고 노력할 것이다. 기도의 힘이 얼마나 강한지 이해한다면 하나님의 최고의 것들이 그들에게 갈 수 있도록 기도할 것이다. 기도는 우리의 짐을 가볍게 했듯이 다른 사람들의 짐도 덜어준다.

다른 사람을 위해 기도하는 것은 우리가 할 수 있는 최고의 사랑의 행위에 참여하는 것이다. 사랑이 자라면 친구의 어려움에 답하는 당신의 기도도 자랄 것이다. 오늘 다른 사람을 위해 어떻게 기도할 것인지 보여달라고 주님에게 요청하라. 그리고 그들에게 기적이 일어나는 것을 지켜보라(빌 1:7).

기도는 하나님의 뜻이 이 땅에 내려오게 한다

이제는 하나님의 능력이 하늘에서 땅으로 내려오도록 기도할 시간이다! 기도 사역은 하늘의 뜻을 이곳으로 가져오는 것이다. 우리는 하나님 편에 서서 하나님께서 원하시는 것을 원한다. 기도는 하나님의 능력이 내려올 곳을 정확히 찾아서 짚어주는 역할을 한다. 진정한 기도는 우리가 하나님께 가까이 갈 때 그분의 마음을 발견한다. 하나님과 함께 중보기도할 때 우리는 그분의 뜻이 하늘에서와 같이 땅에서도 이루어지는 것을 보기 시작할 것이다. 하늘에서 어떤 일이 벌어지고 있는지 안다면 그 일이 땅에서도 이루어지도록 기도할 수 있다(암 3:7).

진정한 기도는 이 땅을 향한 아버지의 열망이 이루어지도록 당신 안에 계신 그리스도께서 당신을 통해 기도하는 것이다. 진실로 예수 그리스도는 당신의 기도 동역자이시며, 당신이 그분을 통해 기도하듯 그분도 당신을 통해 기도하실 것이다!

하나님은 바로 당신의 기도로 이 땅의 일에 개입하신다. 교회의 가장 큰 특권은 하나님의 뜻에 통로가 되는 것이다. 우리는 하나님의 목적을 이 땅으로 모셔들인다. 믿음의 기도로써 미래를 현재로 끌어당길 수 있다(마 6:10 ; 시 119:126).

기도는 평화, 위로, 기쁨을 가져온다

우리들 대부분이 지고 있는 짐은 사실 포기하고 내려놓아야 할 것들이다(빌 4:6,7). 마음에서 나오는 기도는 119에 전화하는 것과 같다. 기도는 응급구조 요청에 대한 하나님의 응답 제도이다. 그렇다. 하나님은 무엇이 필요한지 당신이 요구하기도 전에 이미 아시지만, 당신이 요청하기를 원하신다. 기도할 때 우리의 마음은 생명과 위로와 평화의 진정한 원천이 되신 분을 향한다. 기도처럼 마음을 어루만지는 것은 없다(약 5:13).

부모가 자녀의 울음소리에 반응하는 것처럼 아바 아버지는 당신의 한숨에 마음이 동요하신다. 당신이 연약하다고 느낄 때 마음이 움직이시며, 당신이 알고 있는 것보다 더 많이 당신을 이해하신다(히 4:15,16). 하나님 앞에 마음을 쏟아놓을 때 우리는 아바 아버지의 마음에 넘치는 긍휼의 물결에 닿게 된다(사 30:19). 시편 61-63편을 읽고 기도에 관한 내용에 집중하여 기도가 어떤 결과를 낳는지 보라!

기도는 필요한 것을 얻는 방법이다

응답받을 수 있다고 생각한다면 오늘 어떤 기도를 하겠는가? 간단히 말해서, 우리는 요청하지 않기 때문에 필요한 것을 얻지 못한다(약 4:2). 구하고 받는 것은 삶의 고통을 덜어주고 천국의 보화가 내려오게 하는 기도의 역동성이다.

무엇이 필요하고 언제 필요하든 우리는 그저 하나님 아버지께 요청할 수 있으며, 그러한 기도로 하나님 아버지와의 관계가 더 깊어지게 된다. 육신의 아버지가 그 자녀를 돌보고 공급하기를 기뻐하듯이 우리의 하늘 아버지께서도 우리에게 무엇이 필요한지 아시고 우리가 요청할 때 그것을 주실 것이다.

예수님이 소경 바디매오에게 말씀하셨다.

"내가 네게 무엇을 해주기를 원하느냐?"

그리고 이 질문을 지금도 날마다 우리에게 하고 계신다. 당신에게

무엇이 필요한가? 마음을 무겁게 짓누르는 짐은 무엇인가? 하나님
만이 당신에게 주실 수 있는 것이 있는가? 그것을 요청하고 하나님
의 응답을 지켜보라! 그분은 당신의 아버지이며 당신을 사랑하신다!

기도는 초점을 제대로 맞추는 것이다

진정한 기도는 하늘 아버지께 드려야 한다. 신약성경에는 약 40개
의 기도가 기록되어 있으며, 모두 하나님 아버지께 드린 것이다. 신
약의 기도문에서 사단을 향한 기도는 없다. 예수님은 하나님 아버
지께 기도하라고 분명히 가르치셨다(마 18:18 ; 눅 11:2,13). 요한복
음 17장에서 예수님의 기도도 아버지 하나님께 드린 것이었다. 에베
소교회에 보내는 편지에서 사도 바울은 "영광의 아버지"(엡 1:16,17)
께 기도한다. 요한계시록의 기도는 "보좌 위에 앉으신 이", 아버지
와 어린양, 또는 하나님의 아들에게 그 초점을 맞춘다(계 4장).
　진정한 기도는 왕의 알현실로부터의 보좌기도에 초점을 둔다.
알현실로부터 기도한다면 보좌에 초점이 맞춰져서 '설교하는 기도'
에서 벗어나는 데 도움이 된다. 많은 기도 모임이 하나님 아버지를
높이며 그분께 감사하고 다른 사람들을 위해 요청하는 힘 있는 기
도를 하는 대신 하나님께 정보를 드리는 '설교하는 기도'를 함으로
써 눌려 있다. 그런 기도는 하나님께 진심 어린 간구를 드리기보다
는 어떤 일에 관해 권고하거나 설명을 드릴 뿐이다. 항상 기도는 기
도를 들으시는 하나님 한 분만을 위한 것이어야 한다. 기도에 권고

는 필요 없다.

에스겔서 1장, 요한계시록 4장과 5장, 그리고 요한복음 17장이 보여주는 보좌의 비전으로 마음을 채울수록 우리의 기도는 더 좋아지고 더 많은 잠재력을 가지게 될 것이다! 왕의 알현실로부터의 기도를 드릴 때 당신은 '열린 하늘'의 마음을 품고 기도하게 된다.

기도실 대신 왕의 알현실에 있는 자의 관점으로 기도할 때 성령 안에서 예언자적으로 민감해진다. 누가 기도하는지, 어떻게 기도하는지, 혹은 얼마나 길게 기도하는지에 관해서는 그다지 관심을 두지 않을 것이다. 우리는 성령의 '기류'를 분별할 수 있고 우리 기도를 통해 하나님의 마음을 메아리같이 울릴 수 있다. 그럴 때 연합되고 초점을 맞춘 우리 기도를 통해 하나님의 영광스러운 임재가 더 높은 단계로 드러난다.

진정한 기도는 긍정적인 초점을 유지한다. 기도가 작동되기 위해서는 기도에 감사와 확신이 있어야 한다. 기도 시간에는 더욱 성령 충만하고 공의가 주도하며 은혜가 임하고 자비가 승리하기를 기도해야 한다. 악을 제거하는 데 초점을 맞춘 부정적인 기도를 드리는 대신 선을 이루도록 하나님께 요청하는 것이 더 중요하다. 선이 악을 이긴다. 이러한 초점이 여전히 어둠에 갇혀 있는 사람들을 위해 하나님의 사랑 안에서 기도할 수 있게 한다.

또한, 선을 위한 기도는 기도 모임에서 다른 중보자가 나와 다른 기도를 할 때 '충격 흡수제'가 되어준다. 은혜 중심의 기도는 은혜의 보좌와 보조를 맞춘다.

그리스도의 말씀이 너희 속에 풍성히 거하여 모든 지혜로 피차 가르치며 권면하고 시와 찬송과 신령한 노래를 부르며 감사하는 마음으로 하나님을 찬양하고 골 3:16

바울은 연약하고 미성숙한 교회를 위해 기도할 때 그들의 덕이 자라남을 감사하는 기도로 시작한다(고전 1장). 우리의 기도가 얼마나 부정적으로 되어버렸는지 많은 사람이 깨닫지 못하고 있다. 문제 가운데에서도 하나님을 찬송하면 그분의 이름을 영광되게 한다. 이러한 긍정적인 초점으로 기도하면 마음이 자유로워져 하나님의 짐을 질 수 있게 된다.

잘못된 겸손은 주님이 우리에게 영원의 보좌 앞에 나아갈 때 기뻐하라고 명령하셔도 우리가 잘못된 일에만 머물러 있게 할 것이다. 긍정적인 초점을 가지면 우리 옆에서 기도하는 사람의 잘못이 아니라 하나님의 목소리를 듣고 그분의 선하심에 거할 수 있다.

그러나 만약 우리 눈이 주님을 벗어나면 우리는 너나 할 것 없이 다른 사람의 기도에 대해, 그들이 하는 말에 대해, 그들 삶의 문제 등에 대해 언제나 비판적일 수밖에 없다. 그들이 자신에게 최선의 방법으로 보좌 앞에 나아오는 것에 감사하라.

기도 모임에서 비난이 중심이 되면 기도할 수 없다. 뭔가 잘못되었음을 알아차렸다면 그것을 비판하지 말고 기도가 되게 하라. '은혜의 안경'을 쓰고 사랑으로 씻긴 눈으로 서로를 보는 사람들이 되자(아 5:12).

주 예수님, 주님 앞에 올 때 진정한 평온을 얻습니다. 저의 고통과 압박에서 걸어 나와 귀하신 주께 나아갑니다. 제 마음은 주님의 사랑으로 쉼을 얻고 잠잠해집니다. 주님의 영광을 얻어 천국의 기류를 여기 이 땅에서 펼쳐내도록 도우소서. 우리 가족이 주님을 사랑하고, 주님이 기도에 응답하시는 하나님이심을 알기를 기도합니다. 오늘 제 마음을 주께 드립니다. 아멘.

3

기도라는 황홀한 세계

모든 기도와 간구를 하되
항상 성령 안에서 기도하고
이를 위하여 깨어 구하기를 항상 힘쓰며
여러 성도를 위하여 구하라

에베소서 6장 18절

하나님은 다양함을 좋아하신다. 그래서 우리가 인생에 대해 각기 다른 관점을 가지고 서로 다른 모양으로 살도록 지으셨다. 하나님께서 우리를 모두 다르게 지으셨기 때문에, 하나님은 우리가 모두 서로 다른 필요를 가지고 기도할 때도 우리 모두를 이해하시는 놀라운 능력을 가지고 계신다.

어떤 사람들은 중보기도 할 이름과 그들의 요청을 적은 기도 목록을 가지고 기도하고, 어떤 사람들은 잠잠히 기도하며, 어떤 사람은 큰 소리로 선포하듯이 기도한다. 이 땅에 사는 사람들이 모두 다른 것처럼, 기도하는 방법도 다양하다. 한 가지 기도 모델을 가지고 모두에게 적용하려는 것은 현명하지 못하다.

성경은 우리에게 주기도문 외에는 어떤 선호하는 기도 모델을 주지 않는다. 오히려 성경에는 수십 가지의 기도 모델이 있다. 예수 그리스도의 이름과 그 인격을 통해 기도로 하나님께 나아오는 데에는 백 가지는 될 법하게 많은 방법이 있다. 성경에 여러 방식의 기도문이 있으나 여기서는 기본적인 몇 가지 종류를 소개하겠다.

기도의 종류

찬양, 칭송 그리고 감사의 기도

찬양은 하나님의 주소지이다. 하나님을 찾을 수 없을 때는 그분을 찬양하라. 그러면 나타나실 것이다. 기도로 하나님과 만날 때긴 찬양으로 시작하라. 음이 안 맞고 잘 부르지 못해도 좋다. 그냥 잠잠히 묵상하는 방식을 선택할 수도 있다. 당신이 선호하는 방식이 무엇이든 하나님을 찬양하라!

우리는 찬양의 비밀스러운 능력을 배워야 한다. 찬양은 영광의 세계로 들어가는 길이며, 천국으로 들어가게 하는 공인인증서 또는 비밀번호와 같다. 인생의 압박들과 실망을 남겨두고 천국의 세계, 유리 바다 위로 영광스럽게 나아가라!

칭송(adoration)은 경배의 친밀한 형태이다. 지금 당장 하나님을 칭송하며 그분의 아름다움을 보기를 갈망한다고 말하라. 눈을 감고 이렇게 말하라.

"예수님, 주를 찬양합니다."

그리고 그분이 당신에게 어떤 의미인지 온종일 하나님께 감사하라. 그것만으로 족하다. 이러한 기도는 걱정과 염려에서 당신의 마음을 풀어줄 것이다. 감사하는 신자가 될 때 평강이 마음 안으로 들어온다(빌 4:6, 7).

간구하는 기도

세상에서 가장 간단한 기도는 "하나님, 저를 위해 이 일을 해주소서"라는 기도이다. 우리 하나님은 기도에 응답하는 하나님이시다. 그분은 자신을 사랑하고 믿음으로 간구하는 사람들의 부르짖음에 응답하기를 주저하지 않으신다.

당신의 기도에 응답하느라 하나님이 분주하시게 하라. 그래도 괜찮다. 하나님이 당신의 필요를 아시게 하고 하나님께 당신의 존재를 일깨워드리라. 더 많이 요구할수록 더 많이 받을 것이다. 그러니 계속해서 요청하고, 계속해서 찾으며, 계속해서 두드리라. 기도 응답의 문이 열릴 것이다(마 7:7-11).

어서 가서 하나님의 임재 안으로 들어가 하나님의 프라이버시를 침해하라! 자신이 아버지의 임재 안으로 달려가는, 체면 따위는 차리지 않는 다섯 살 꼬마라고 생각하라. 하나님 아버지는 받아주신다. 그분이 당신의 아바 아버지이시므로!

중보기도

중보기도는 하나님 앞에서 당신이 다른 사람을 위해 하나님께서 개입해주시기를 요청하는 것이다. 중보기도는 모든 믿는 사람들의 사역이며 우리의 가장 고귀한 사명이다. 우리는 모두 다른 사람을 위해 제사장의 직분을 행하라는 하나님의 소명을 가졌기 때문이다(딤전 2:1-3). 중보기도란 우리의 마음을 펼쳐서 다른 사람을 사랑으로 덮어주는 것이다. 이 책의 나머지 상당 부분에서 세상을 바꾸는 중보기도의 가치와 능력을 다룰 것이다.

경건 기도

이것은 마음을 채우는 당신 자신만의 사적인 시간을 말한다. 당신 홀로 예수님과 함께하면서 그분의 이름을 부르고, 그분의 말씀을 묵상하고, 그분에게 마음을 의탁하는 시간이다. 자신의 내면이 강건해져서 적을 물리칠 수 있도록 강화되는 것을 지켜보라.

이 시간 동안 모든 다른 형식의 기도들을 활용하려고 노력하라. 찬양, 찬송, 감사, 고백, 간구, 중보, 그리고 악에 대한 전쟁이 모두 기도이다.

아버지 하나님께 마음을 쏟을 때 당신의 경건 시간은 더욱 강하게 자랄 것이며, 당신의 마음이 살아날 것을 내가 약속한다! 하나님께 마음을 열고 예수님을 사랑하고 따르며 순종하겠다는 기특한 결단을 하라. 하나님께서 당신의 기도하는 목소리가 참으로 사랑스럽다고 하셨음을 기억하라.

정직한 자의 기도는 그가 기뻐하시느니라 잠 15:8

연합기도

함께 기도하는 가족은 화목하다. 연합기도는 다른 사람들과 함께 기도하는 것이다. 가정에서 가족과 기도할 수도 있고 기도회로 모여서 할 수도 있다. 수백 명 혹은 수천 명이 자리하는 대규모의 기도회도 가능하다. 새롭고 즐거우며 생명을 주는 기도가 주변의 교회에서 드려지고 있다! 다른 사람과 함께하는 기도는 가치가 있을 뿐 아니라 대단히 중요하다(행 2:42, 3:1). 모든 교회와 사역자들은 정기적으로 연합기도회로 모여야 한다.

하나님께서 이러한 기도의 여정을 위해 당신을 도우실 것이다. 기도 안에서 예수 그리스도와 하나 된 영으로 연결될 수 있으며(고전 6:17), 주의 은혜와 생명에서 도움을 얻게 될 것이다. 성령께서 우리가 하나님 아버지 앞에 우리의 마음 조각들을 펼칠 때 기도 안에서 능력과 열정을 주심으로 우리를 돕겠다고 약속하셨다. 우리가 포기하려 할 때 성령이 초개입(super-intercede)하신다. 성령의 기도 사역에 대한 바울의 설명을 보자.

> 이와 같이 성령도 우리의 연약함을 도우시나니 우리는 마땅히 기도할 바를 알지 못하나 오직 성령이 말할 수 없는 탄식으로 우리를 위하여 친히 간구하시느니라 롬 8:26

지속적인 기도를 위한 기본

하나님과 시간을 보내라

기도에서 주 예수님과 함께하는 시간과 그의 말씀을 연구하는 시간이 늘어날수록 그분의 임재를 더 많이 느낄 것이다. 그것은 주님 곁에서 다른 신자들과 교제를 나눌 때의 느낌과 같다. 때로는 너무 좋아서 평생 그 친구들과 그렇게 지내고 싶다고 느낄 것이다. 그렇다. 이것이 바로 하나님과의 진정한 교제이다. 그저 주님과 함께, 그분 곁에서 머무는 것이다. 성경은 우리가 그분께 가까이 갈 때 그분이 내게로 가까이 오신다고 말씀한다(약 4:8).

하나님과 가까이하며 그분의 임재 안에 거할 기회를 놓치고 싶은 사람이 누구이겠는가! 적어도 나는 아니다! 여호수아를 떠올려 보라. 모세가 회막을 떠날 때도 여호수아는 뒤에 남았다(출 33:11). 그곳에서 여호수아가 이스라엘 민족을 이끌어 이후에 있는 전투에서 이기게 되는 능력을 하나님으로부터 받게 된 것은 분명했다.

올바른 동기를 가지고 구하라

하나님은 우리의 마음과 그 동기를 보시기 때문에 이기적인 마음으로 하는 기도는 통하지 않는다. 사랑이 가장 순수한 동기여야 하며, 사랑으로 동기부여 되어야 모든 기도에 힘이 실리게 된다. 하나님과 억제할 수 없는 사랑에 빠질 때 당신의 목적은 하나님의 목적 안으로 녹아들고, 올바른 동기에서 기도하게 될 것이다(약 4:3 ; 사 52:11 ; 시 37:4).

하나님께서 우리가 상처 입을 수 있다는 것을 아시면서 어떻게 그것을 주시겠는가? 하나님의 완벽하신 뜻에서 우리가 멀어지게 되는 기도에 어떻게 응답하시겠는가? 당신이 하나님의 뜻이라고 생각해도 실은 그렇지 않을 수 있다. 먼저 하나님의 나라를 구하면 구하는 모든 것이 주어질 것이다. 하나님의 나라는 하나님이 왕이시고 그분의 뜻이 최고의 힘을 가진 곳이며, 하나님께서 완전한 지혜로 통치하시고 우리에게 필요한 것을 채우시는 곳이다(요일 5:14, 15 ; 마 6:33).

하나님 아버지의 응답을 의심하지 말라

하나님 아버지께 무언가를 구하면서 하나님께서 주실 것을 실제로 믿지 않는다면 바보 같은 일이다. 기도를 종교적인 게임 하듯 하여 하나님의 시간을 허비할 이유가 없다. 그러는 대신, 하나님께 과감히 그리고 믿음으로 구하라. 의심은 그분의 성소 밖에 버리고 들어가라. 하나님께는 당신이 구하는 것을 주실 능력이 무한하다. 그저 믿으라! 의심을 품은 채 두 마음으로 기도하지 말라. 하나님께 집중된 헌신이 진정한 믿음을 낳는다. 하나님 아버지는 당신이 구하고 생각하는 모든 것을 행하실 수 있다. 이제 믿기지 않는 일을 믿음으로 구할 시간이다. 응답이 올 때까지 포기하지 말라(눅 18:1 ; 사 62:6, 7 ; 약 1:5-8 ; 엡 3:20).

모두를 용서하라

예수님은 우리가 다른 사람을 용서하지 않고 바라는 것을 기도한다면 그것을 주지 않으시겠다는 것을 분명히 밝히신다(마 6:9-15). 용서를 베풀어라. 그러면 하나님은 당신의 기도에 응답을 베푸실 것이다. 예수님처럼 용서할 때 가장 예수님 닮은 행동을 하는 것이다. 진정한 용서는 다른 사람의 잘못에 대해 화를 품지 않겠다고, 화내는 마음을 거절하는 것이다. 용서하지 못하는 것은 하나님과 소통하는 것을 제한하고 당신을 과거에 가두어놓는다. 그러나 용서는 기도 생활에서 당신을 자유롭게 하고 당신의 기도를 통해 성령께서 역사하시게 한다.

◆ 오 늘 의 기 도 ◆

Today's Prayer

주 예수님, 주님이 제 기도 생활이 되시기를 원합니다. 주님이 제게 힘을 주시고 오늘 저를 주님에게 맞추어주시기를 원합니다. 온 마음을 다해 유리 바다 위에서 당신 앞에 나아갑니다. 기도 안에서 주님과 하나 되기를 간절히 바라며 이 땅에서 주의 영광을 드러내기 원합니다. 저는 주님을 믿으며 저를 통해 성령께서 기도하심을 믿습니다. 성령 안에서 걷고 성령 안에서 기도하겠습니다. 오늘 제가 당신에게 사랑의 제물이 되게 하소서. 예수님의 이름으로 기도합니다. 아멘.

4

하나님의 음성 듣기(1)

문지기는 그를 위하여 문을 열고 양은 그의 음성을 듣나니
그가 자기 양의 이름을 각각 불러 인도하여 내느니라
자기 양을 다 내놓은 후에 앞서가면
양들이 그의 음성을 아는 고로 따라오되

요한복음 10장 3,4절

가장 순수한 형태의 기도는 하나님 아버지와 누리는 사랑의 관계 안에 있다. 기도는 서로 기뻐하는 관계에서 나오는 것이지 종교적인 행위가 아니다. 하나님의 얼굴을 만지기 위해 그분의 알현실로 들어가는 것은 기도하는 사람에게 주어지는 특권이다. 우리 영혼은 이런 경외감, 우리를 사랑하고 그 마음을 우리와 나누기를 기다리시는 살아계신 하나님께 얘기하고 그분의 음성을 듣는 경험에 목마르다.

관계가 일방적일 때는 상대에게 친밀감이 들지 않는다. 나는 하나님께 기도할 때 쌍방이 서로 이야기하고 서로 귀를 기울여야 한다는 것을 충분히 인지한다. 쌍방향 기도에서 주의 깊고 겸손하게 듣기를 연습할 때 하나님께서 하시는 말씀을 들을 수 있을 것이다.

이러한 선지자적 상호교류는 단지 언어적인 소통에만 제한되지 않으며 다른 여러 방법으로 하나님을 만날 것이라는 기대를 할 수 있다. 하나님의 말씀을 듣기 위해 어떤 방법을 쓰더라도 그 거룩한 만남에는 언제나 두 가지가 수반된다는 점을 잊지 말라. 하나는 그 만남이 당신을 변화시킨다는 것이고, 다른 하나는 그러한 만남으로 당신이 영적 전쟁을 치를 무기를 갖추게 된다는 것이다.

기도에 들어갈 때 하나님 아버지는 당신에게 말씀하실 뿐만 아니라 당신을 통해 기도하실 것이다. 기도하는 당신은 하나님과 개인적인 시간을 가지는 그 은밀한 곳에서 하나님의 말씀을 듣는 사람이 된다. 그 은밀한 곳에서 당신은 하나님의 마음을 발견할 것이다!

그곳에서 당신은 기도자라는 전략적인 임무를 맡게 된다. 우리는 "주여, 말씀하소서. 주의 종이 듣겠나이다"라고 기도하는 대신 "주여, 들으소서. 주의 종이 말하겠나이다!"라는 식의 기도를 더 많이 하고 있다. 오늘은 주님을 기다리고 그분의 목소리를 들을 시간을 가지겠다고 결단하라.

사역을 위한 도구에는 하나님께 말씀드리는 시간만큼이나 그분의 말씀을 듣는 지속적인 생활이 포함되어야 한다(사 50:4,5). 듣는 귀를 허락하시도록 요청을 드려라. 구하는 자에게는 성경의 놀라운 계시와 성경에 대한 더 깊은 이해가 주어진다. 그분의 임재 안에 머물라. 그러면 하나님의 음성을 들을 것이다. 우리 주님은 "은밀한 것을 나타내시는 이"(단 2:29,47)이다. 구하는 마음으로 나아갈 때 하나님은 훨씬 더 많은 것을 보이신다.

목자의 소리와 사단의 소리는 어떻게 다른가
때로 내게 이렇게 질문하는 사람들이 있다.

"하나님이 말씀하시는 것인지 사단이 말하는 것인지 어떻게 압니까? 잘못 인도될까 두려워요. 성령의 말씀만 듣고 싶어요."

하나님의 목소리를 알아듣고 그분의 말씀인지 아니면 사단의 목소리인지 분별하는 간단한 지침은 다음과 같다.

- 예수님은 온유한 목자이시고, 그의 음성은 자비롭다. 예수님은 당신의 개인적인 가치에 대해 비난하지 않으신다. 사단[1]은 비난과 고소를 일삼는 위협자이다.
- 주님의 음성은 잠잠하여 내면으로 파고든다. 사단의 소리는 거슬리며 상스럽다.
- 성령은 우리를 불러 다가오게 하신다. 사단은 위협하고 요구하며 마음대로 몰아간다.
- 주님의 음성은 성경과 일맥상통한다. 사단은 거짓을 말한다.
- 주님의 음성은 나를 바꾸고 감동시키는 '현재'의 언어이며, 사단은 당신을 과거에 묶어둔다.
- 주님의 음성은 희망에 뿌리를 두고 있다. 사단은 부정적이 되게 하거나 희망이 없다고 느끼게 한다.
- 하나님의 음성은 사랑을 독려하고, 사단은 비난을 부추긴다.
- 하나님에게서는 평화가 오고, 사단은 염려를 가져온다.

---

1) 사단은 악마의 여러 이름 중의 하나이므로, 악마보다 조금 낮은 등급이다. 사단의 의미는 "모략자, 중상자"이다. 사단의 실제 이름은 루시퍼로, 영어로 표기할 때에는 맨 앞 철자를 사람 이름처럼 대문자로 표기한다.

• 성령의 음성은 언제나 예수님을 영광스럽게 하지만, 사단은 자신을 영광되게 한다.

하나님은 어떻게 말씀하시는가

우리는 모두 하나님께서 우리에게 개인적으로, 그리고 우리가 들을 수 있게 말씀해주시기를 간절히 바란다. 우리는 모두 우리의 삶을 위한, 천국의 성스러운 신비와 하나님의 말씀을 가르치는 신령한 조언과 안내가 필요하다.

하나님의 말씀을 듣는다는 것은 도저히 현실이 될 것 같지 않아 보인다. 당신이 '살아계신 하나님, 만물의 창조주가 나에게 말을 건다고?'라고 생각할지도 모르겠다. 그렇다! 똑똑히 말하지만, 답은 그렇다!

하지만 하나님의 음성을 듣기 위해서는 배워야 할 것이 많다. 우리는 하나님께서 어떤 특정한 방식으로 말씀하실 것이라는 잘못된 생각을 해서 우리의 종교적인 교육과 좁은 기대 속으로 하나님을 욱여넣으려는 경향이 있다. 우리가 어린아이와 같은 믿음으로 그저 듣고자 할 때 하나님은 우리에게 말씀하실 것이다.

그런데 하나님은 어떻게 말씀하실까?

친밀한 관계 안에서 말씀하신다

관계가 계시로 이어진다. 친밀감은 영감을 낳는다. 우리가 하나님의 얼굴을 구할 때 그분은 방향을 알려주고 인도해주시며 지혜를 주신다. 하나님께서 왜 사랑하는 이들에게 야단치기를 원하시겠는가? 하나님은 우리가 초점을 맞추고 나뉘지 않은 마음으로 '그분의 눈을 보는 것'만으로도 충분히 하나님의 마음과 우리를 위한 그분의 계획을 알고 이해할 수 있기를 원하신다.

주님, 저희가 가능한 한 당신과 가까이 있도록 도와주십시오. 당신의 눈을 보고 당신 안에서 저희의 모든 필요가 채워질 것을 알게 되기를 기도합니다(시 27:4-8, 32:8,9).

어떤 방식으로든 말씀하신다

하나님은 어떻게 말씀하시는가? 그분이 원하시면 무슨 방법이든지! 하나님께서 우리에게 말씀하실 수 있는 방법은 셀 수 없이 많다. 우리가 주님의 음성을 자주 놓치는 이유는 하나님께서 말씀하시는 방식을 우리 스스로 제한하기 때문이다. 중요한 것은 가르침을 주시는 대로 들을 귀를 가지는 것이다. 참된 제자가 되기 위해 우리는 깨어 있는 마음을 가지며, 그분이 말씀하시는 것을 잘 배우고 응답해야 한다.

당신이 사랑하는 하나님은 당신의 믿음이 새로운 표현을 통해 그분의 말씀을 듣는 데까지 확장되기를 원하신다. 하나님께서 말씀하시는 많은 방식들이 주관적이고 우리는 이들을 적절히 분별해야겠지만, 그래도 '듣는 귀'(욥 33:14-26 ; 사 50:4,5 ; 히 1:1)를 발전시키는 노력은 해볼 가치가 있다.

하나님께서 말씀하시는 방법을 우리가 성경에서 배운 대로 다음과 같이 정리해보았다(이 정리가 전부가 아님을 덧붙인다).

- 꿈
- 마음에 떠오르는 그림
- 비전
- 비유
- 황홀경
- 성령
- 천사의 방문
- 성경 말씀
- 보좌의 만남
- 등 뒤에서 들리는 목소리
- 예언
- 밤에 들리는 말
- 예언적 행위
- 개인의 내적 감동이나 부담감
- 자연
- 징조, 기사, 기적
- 하나님을 대면함
- 일상적인 상황
- 동물들의 말(Animals speaking)

- 다른 사람들을 통해
- 친구들의 조언
- 알아들을 수 있는 목소리
- 잠잠하고 작은 목소리
- 천둥과 같은 소리
- 수수께끼 혹은 '어둠의 소리'
- 내면의 목소리
- 죄에 대한 확신
- 하나님의 불타는 듯한 임재(불이 붙은 떨기불)
- 문득 떠오른 아이디어, 생각
- 평온함
- 닫힌 문 혹은 열린 문
- 재정
- 응답되지 않은 기도

오늘 조용한 장소를 찾아 하나님 아버지께 마음의 문을 활짝 열지 않겠는가? 당신에게 닥친 문제를 두고 구체적으로 인도해주시기를 구하라. 하나님께 가르침을 알아들을 귀를 달라고 구하라. 예수님의 이름을 찬양하고 예배하라. 그분에게 가까이 가라. 성경을 열고 시편 한 편을 마음에 닿을 때까지 읽으라. 잠잠히 기다리라 … 그리고 좀 더 기다리라. 눈을 감으라. 주님이 당신에게 말씀하실 시간을 드리라. 그분이 말씀하시면 당신이 듣거나 본 것을 적어두도록 하라. 그리고 하나님께서 당신에게 보여주시는 것이 무엇이든 겸손히 순종하는 것으로 답하라.

당신이 이러한 기도의 모험을 시작하도록 도와줄 성경 구절들을 소개한다.

시편 81:13,14 ; 잠언 1:23, 6:20-23 ; 마태복음 4:1 ; 사도행전 8:26, 29, 10:3, 18:9,10 ; 히브리서 3:15 ; 요한계시록 3:22, 19:10

◆ 오 늘 의 기 도 ◆
Today's Prayer

주님, 저는 이제 주님이 말씀하시면 들을 준비가 되었습니다. 당신의 목소리를 듣고 무슨 말씀을 하시든지 대답하기로 마음먹었습니다. 제 마음과 귀를 주께 드립니다. 제가 주님의 얼굴을 구할 때 날마다 제게 말씀하소서. 제 마음이 주님의 속삭임도 들을 수 있도록 주파수를 맞추고, 신실하게 그 말씀대로 따르도록 저를 도와주소서. 저는 주님의 충실한 종이요, 주님을 사랑하는 자이며, 주님이 제게 말씀하실 줄을 아는 자입니다. 제게 듣는 귀를 주소서. 예수님의 이름으로 기도합니다. 아멘.

5

듣는 기도

주 여호와께서 학자들의 혀를 내게 주사
나로 곤고한 자를 말로 어떻게 도와줄 줄을 알게 하시고
아침마다 깨우치시되 나의 귀를 깨우치사
학자들같이 알아듣게 하시도다

이사야서 50장 4절

들는 귀, 즉 들으려는 마음을 훈련하는 일은 너무도 중요하다. 우리는 하나님께 우리의 요구를 '쇼핑 목록' 읽듯 속사포처럼 쏟아 놓고는 기적이 일어나기를 바란다. 그것도 나쁘지는 않다! 하나님은 어찌 되었든 우리가 하나님께 와서 묻고 구하기를 원하신다. 그러나 왕의 알현실에서 하나님께서 기도의 만남 가운데 분명히 말씀하시면 누가 주님의 마음을 듣기 위해 멈추겠는가?

나는 늘 하나님의 음성을 듣는 수단으로서 경배찬양하는 것을 좋아한다. 종종 찬양의 가사는 우리 마음에 하나님의 참된 목소리가 되기도 한다. 그러한 경배는 초대 교회의 방법이기도 했다. 그들이 경배할 때 하나님께서 말씀하셨다(행 13:2).

당신이 하나님을 경배하는 생활을 일구어가면 이 말이 무슨 뜻인지 알게 될 것이다. 찬양의 가사는 그냥 노랫말이 아니라 그보다 훨씬 더 많은 의미를 가진다. 찬양하면 하나님께서 당신의 마음을 감동시키실 때 그분 마음의 느낌에 동화된다. 그 가사와 멜로디가 당신을 하나님과 그 임재 앞으로 데려간다.

집에서 경배찬양을 시작하라. 당신의 마음이 그분을 향해 부드러워지고, 그분이 당신에게 말씀하기 시작하실 것이다! 나는 경배찬양으로 하나님 앞에 나 자신을 쏟아놓을 때 하나님께서 나를 돌보시는 것을 얼마나 많이 경험했는지 모른다. 하나님은 이런 깊디 깊은 친밀한 자리에서 말씀하신다.

하나님을 사랑하는 사람에게는 들을 귀와 보는 눈이 주어졌다 (잠 20:12). 듣는 귀와 보는 눈을 주신 바로 그분이 하나님이시다. 하나님은 우리가 그분의 영광스러운 목소리를 듣게 하신다. 그분이 우리의 귀를 열어주실 때 그 소리는 말로 표현할 수 없이 달콤하다.

오래 목회를 한 친구가 최근에 나에게 이렇게 말했다.

"내게 일어나고 있는 일을 믿지 못할 정도야. 그동안 기도하면서 내 말만 하느라 하나님의 음성을 들을 시간이 없었던 거야. 하나님은 요즘 매일 내게 말씀하고 계셔!"

나는 하나님의 목소리와 그분의 속삭임을 매일 듣는 일이 가능하다고 믿는다. 핵심은 하나님에 의해 우리의 귀가 열리는 것이다. 당신은 자기 뜻에 맞지 않거나 불편해질 일들에 대해서도 들을 준비가 되어있는가? 하나님의 목소리는 "레바논의 백향목을 꺾으심"(시 29:5)이라고 했으니, 그 목소리가 당신의 습관과 견해를 깨부수고 여시더라도 놀라지 말라. 하나님께서 열어주시는 귀로 듣는 일은 하나님께서 말씀하시는 그 일에 헌신하겠다는 뜻이다.

예수님은 하나님 아버지께서 말하라고 가르쳐주신 것만을 이야기하셨다고 일곱 번이나 말씀하셨다(요 7:16, 8:28, 47, 12:49, 14:10,

24, 17:8). 예수님의 귀는 아버지의 목소리를 듣고 순종하기 위해 열려 있었다. 우리의 막힌 귀도 진리의 사도요 교사로 만드시는 목소리에 의해 뚫려야 한다. 당신이 왕의 알현실에 들어가 보좌기도를 하기 위해서는 천국의 음성을 들어야 한다.

하나님께서 말씀하시는 방법들

형상과 꿈

이는 반드시 이해해야 할 내용이다. 하나님의 언어는 비유와 형상과 비전과 꿈으로 나타난다. 하나님은 우리와 말로만 소통하지 않으신다(삼상 3:1-10 ; 암 8:1,2). 예수님이 사람들을 가르치실 때는 항상 비유를 사용하셨다(마 13:34).

형상에 대한 해석은 하룻밤 사이에 되지 않는다. 하나님의 방법에 대해서는 아주 사소한 것이라도 그 이해를 발전시키는 데 시간이 걸린다. 예수님의 제자들도 한참 후까지 그분의 가르침을 이해하지 못했다(요 16:29). 하나님의 음성을 듣는 새로운 방식에 마음을 열어두라. 그렇게 할 때 이해의 성령이 하나님께서 우리에게 주기 원하시는 계시의 밝은 빛을 비추기 시작하실 것이다(엡 1:15-18).

꿈과 비전은 하나님의 사람들 사이에는 워낙 흔히 일어나므로 이 지점에서 언급해두는 것이 좋겠다. 종말의 때 하나님의 전략은 그분의 아들과 딸들에게 성령을 부어주시는 것이다. 그 결과 그들은 예언을 하고 비전을 보며 꿈을 꾸게 된다(행 2:17). 그러한 꿈은 당신만을 위해서가 아니라 나를 위해서 그리고 교회와 개인을 위해서 하나님의 지혜와 목적을 계시하실 것이다.

성경에서 하나님의 많은 종이 꿈을 꾸었다. 아브라함, 야곱, 요셉, 다윗, 다니엘, 에스겔, 마리아의 남편 요셉, 요한, 그리고 바울을 생각해보라. 심지어는 거룩하지 않은 사람들도 하나님께서 주시는 꿈을 받았다. 바로 왕, 느부갓네살 등이 그 예이다.

성령의 초자연적인 계시

하나님께서 하시는 말씀을 듣는 능력은 성령에 의해서 우리에게 주어진 초자연적인 계시를 통해 직접적으로 온다(고전 2:9,10). 하나님께서 다른 사람들에게 하신 그 일을 당신을 위해서도 하실 것임을 배워야 한다! 그분의 목소리를 듣기 위해 귀를 열고 마음을 집중하는 것이 믿음이다(요 10:3). 하나님께서 말씀하실 것을 믿고 기다리되 행동할 준비를 하라. 하나님께서 당신에게 기도 제목을 주시고 어떤 사람의 얼굴이나 이름을 섬광처럼 보여주실 수도 있다. 그들을 위해 기도하라고 당신을 일깨우시는 것이다(행 9:10-14). 귀를 열기 위한 믿음을 준비하라!

하나님께서 말씀하시다니, 이 일은 언제나 놀랍다! 그분의 말씀은 엄청난 생명과 능력을 뿜어낸다. 현명하신 하나님은 우리가 듣고 싶어 하는 것을 넘어 우리가 들어야 할 것을 말씀하실 것이다. "만약 …면 어쩌지?" 하고 당신이 품은 가정과 걱정과 의문을 하나님께 다 말씀드리고 그저 믿고 순종하라. 그분은 모든 것을 아시고 사랑이 많으신 분이다. 그분은 행하시는 모든 일이나 우리에게 말씀하시는 모든 것을 설명하실 필요가 없다. 우리는 다만 마음을 겸손히 하여 그분의 말씀을 끝까지 들으면 된다. 하나님을 따라가면 결국에는 이해하게 될 것이다(렘 18:5,6). 하나님의 지혜와 논쟁하지 말라!

다른 사람의 지도와 조언

하나님은 우리가 그리스도 안에서 자라도록 다른 사람에게 의지하게 하셨다. 그리고 우리가 그분께 향하도록 우리를 인도할 기독교 지도자들을 기르신다. 우리는 우리의 영혼을 살피도록 위임받은 그들의 지도를 받아들여야 한다(행 8:30,31). 그리고 그들은 하나님의 방식을 해석하도록 돕는 지도자의 위치에 있다.

당신은 앞으로 계속해서 당신이 들어야 할 하나님의 말씀을 그들과 하나님께서 보내시는 사람들을 통해서 듣게 될 것이다. 우리 중 누구도 하나님의 나라에서 '모든 것을 아는 자'가 되지 못한다. 우리는 서로가 필요하다.

일상적인 상황

하나님께서 말씀하시는 방법을 지나치게 영적인 것으로 치부해 버리지 않도록 주의하라. 한번은 내가 보내려고 하던 이메일을 잘못해서 날려버린 적이 있었다. 잠시 후, 나의 그 답변이 그 사람에 대한 하나님의 마음이 아니었거나 예수님의 영으로 된 것이 아니었다는 생각이 들었다. 하나님은 내게 그 메일을 보내지 말라고 말씀하고 계셨던 것이다. 후에 나는 하나님께서 그 우연한 실수로 큰 후회를 막아주셨음을 알게 되었다. 하나님은 우리 삶에서 자연적으로 생기는 일을 통해서도 말씀하신다(잠 1:20-22).

하나님의 말씀을 들을 때의 유익
하나님 말씀을 들음으로써 얻는 유익의 목록을 곰곰이 생각해보라. 한 번 이상 소리 내어 읽는 것이 좋겠다. 마음이 움직일 때까지 각 구절을 묵상하고 하나님의 속삭임을 듣기 시작하라.

하나님께서 가까이 계심을 명확히 인식

내가 나의 침상에서 주를 기억하며 새벽에 주의 말씀을 작은 소리로 읊조릴 때에 하오리니 주는 나의 도움이 되셨음이라 내가 주의 날개 그늘에서 즐겁게 부르리이다 나의 영혼이 주를 가까이 따르니 주의 오른손이 나를 붙드시거니와 시 63:6-8

초자연적 힘

오직 여호와를 앙망하는 자는 새 힘을 얻으리니 독수리가 날개치며

올라감 같을 것이요 달음박질하여도 곤비하지 아니하겠고 걸어가도 피곤하지 아니하리로다 사 40:31

지시와 인도

너희가 오른쪽으로 치우치든지 왼쪽으로 치우치든지 네 뒤에서 말소리가 네 귀에 들려 이르기를 이것이 바른 길이니 너희는 이리로 가라 할 것이며 사 30:21

용기

내가 여호와께 바라는 한 가지 일 그것을 구하리니 곧 내가 내 평생에 여호와의 집에 살면서 여호와의 아름다움을 바라보며 그의 성전에서 사모하는 그것이라 시 27:4

축복

그러나 여호와께서 기다리시나니 이는 너희에게 은혜를 베풀려 하심이요 일어나시리니 이는 너희를 긍휼히 여기려 하심이라 대저 여호와는 정의의 하나님이심이라 그를 기다리는 자마다 복이 있도다 사 30:18

만족

골수와 기름진 것을 먹음과 같이 나의 영혼이 만족할 것이라 나의 입이 기쁜 입술로 주를 찬송하되 시 63:5

지혜

우리에게 우리 날 계수함을 가르치사 지혜로운 마음을 얻게 하소서 시 90:12

형통

이 율법책을 네 입에서 떠나지 말게 하며 주야로 그것을 묵상하여 그 안에 기록된 대로 다 지켜 행하라 그리하면 네 길이 평탄하게 될 것이며 네가 형통하리라 수 1:8

복 있는 사람은 악인들의 꾀를 따르지 아니하며 죄인들의 길에 서지 아니하며 오만한 자들의 자리에 앉지 아니하고 오직 여호와의 율법을 즐거워하여 그의 율법을 주야로 묵상하는도다 시 1:1,2

다른 사람을 축복하기 위한 계시

주 여호와께서 학자들의 혀를 내게 주사 나로 곤고한 자를 말로 어떻게 도와줄 줄을 알게 하시고 아침마다 깨우치시되 나의 귀를 깨우치사 학자들 같이 알아듣게 하시도다 사 50:4

나와 아내는 매일 아침, 전날 밤에 꾸었던 꿈에 관해 이야기하는 것을 좋아한다. 하나님의 말씀을 듣고 그분이 말씀하신 것을 행하는 것이 우리 삶의 열정이고 목표이기 때문이다. 우리가 바라는 것은 오직 듣는 귀와 그의 말씀에 순종하려는 부드러운 마음이다.

당신의 심장도 함께 울리는가? 당신의 삶이 하나님의 목소리를 듣고 따를 때 어떻게 변할지 상상하라. 예수님은 자신의 양들이 그분의 목소리를 '들을 수 있다'고 말씀하지 않으셨다. 그들이 그분의 목소리를 '듣고' 그분이 자신의 목자임을 안다고 말씀하셨다.

목자의 음성을 듣기 위한 기본기 쌓기

마음이 하나님을 향하게 하라

깨끗하고 순전하게 그분의 임재 안에 들어간다. 모든 원망과 용서치 못하는 마음을 하나님께 드려야 한다. 그러면 마음에 하나님의 기쁨을 안고 임재에 들어갈 수 있다(시 66:18 ; 사 59:1,2).

감사하는 마음으로 들어가라

기도 생활을 힘 있게 하는 비결은 하나님께서 당신을 위해 하신 일에 대해 감사가 끊이지 않는 것이다. 다윗 왕은 많은 실수를 저질렀지만 그 잘못을 넘어서기까지 자신의 개인적인 '광야 생활'을 겪는 내내 하나님을 찬양했다. 감사의 마음을 기르고 감사로 하나님 앞으로 나아가라.

자신의 연약함을 인정하라

그래야 성장한다. 하나님은 우리의 약함을 그분의 강함을 세우는 받침으로 사용하신다. 하나님의 나라에서는 연약해도 괜찮다. 하나님은 우리의 힘이 되어주기를 기뻐하시며, 우리에게 지혜와 구원이 되신다(고전 1:30). 성경은 우리 중에 가장 약한 자가 다윗과 같을 것이라고 말씀한다(슥 12:8).

필요를 채우시는 하나님의 능력에 초점을 두라

하나님께서 당신의 부르짖음에 응답하시고 필요한 모든 것을 채우실 수 있음을 믿으라(빌 4:19). 그것이 믿음이다!

기도에서 멀어지게 만드는 것들을 멀리하라

기도는 천국으로 향하는 생명줄이다. 기도에 푹 빠져라! 열정적으로 기도하라! 걸어 다니는 기도의 집, 두 발로 걷는 기도자가 되어라!

주 예수님, 주님은 주님의 양들을 이끄는 선하고 인자한 목자이십니다. 주님은 제게 당신의 양이 그 목소리를 들을 것이라고 약속하셨고, 저는 당신의 양입니다. 주님이 원하시는 바를 제게 말씀하소서. 제 마음이 당신의 목소리를 알아듣게 하시고 제게 말씀하고자 하시는 모든 일을 듣게 하소서. 제가 성경을 읽고 그것을 마음에 적용하여 날마다 나를 인도하는 목자의 목소리로 삼겠습니다. 주의 말씀은 진리요 생명이시니, 제게 하시는 모든 말씀에 감사합니다. 아멘!

6

하나님의 음성 듣기(2)

너희는 가만히 있어 내가 하나님 됨을 알지어다

시편 46편 10절

하나님께서 하시는 말씀을 듣게 되면 그 느낌은 굉장하겠지만 때로는 당황스럽기도 할 것이다. 어느 날 나는 새벽에 일어나서 기도하며 주님을 구하고 있었다. 태양이 아직 정글 위로 올라오기 전이었다. 마음을 잠잠히 하고 기도를 시작했는데 갑자기 어떤 목소리가 들렸다. 그 소리는 내 안에서 나거나 그냥 내 머릿속에서 들리는 것이 아니고 분명히 어떤 목소리였다.

　　그날 아침 하나님은 내 주변의 다른 소리와는 분명히 구별되는 소리라고 설명할 수밖에 없는 형태로 내게 말씀하셨다. 그분은 내 인생과 사랑하는 가족의 인생 경로를 완전히 바꿀 내용을 말씀하셨다. 그 목소리는 분명하고 단호하게 나를 인도하셨다. 그날 아침 주님이 말씀하신 것 중 하나는 우리 가족이 살던 정글의 마을을 떠나 북미로 돌아가라는 것이었다. 여전히 의심이 꿈틀댔다.

　　'주님, 진정 당신이십니까?'

　　나는 방마다 돌아다니면서 누가 나를 놀리는 것은 아닌지 확인했다. 아내는 아직 잠들어 있었고, 다른 방에서도 세 아이 모두 꿈

나라에 가 있었다. 심장이 쿵쾅거렸다. 펼쳐진 성경 앞에 다시 돌아와 앉아서 이렇게 기도했다.

"주님, 그것이 진정 주님의 말씀이라면 제게 다시 말씀해주세요."

방은 옅은 운무로 가득 찼고 하나님은 내가 처음 들었던 것과 정확히 같은 말씀을 반복하셨다. 의심이 사라지자 나는 아내가 일어나기를 기다려 우리의 계획에 변화가 생겼음을 설명했다. 하나님은 이렇듯 침묵하지 않으시고, 그분을 사랑하는 자녀에게 말씀하기를 주저하지 않으신다.

하나님의 방법은 우리의 방법과 다르니 하나님께서 당신의 이해를 더 넓히시게끔 하라. 놀라운 일들에 마음을 열라! 하나님은 영에서 영으로 우리와 소통하신다. 그 이후로 나는 그날 새벽과 같은 목소리를 두 번 다시 들은 적이 없다. 어쩌면 내게 다시 그렇게 말을 걸어오실 수도 있고 그렇지 않을 수도 있다. 나는 하나님을 따르고 그분의 때와 계획에 맞춰 내게 말씀하시도록 할 것을 배웠다.

하나님의 음성을 들으려 할 때는

자신의 문제는 덮어두어라

하나님 앞에서 침묵하며 기다리는 일이 요즘에는 잃어버린 기술이 되고 말았다. 주님의 임재가 당신의 마음을 채운다면 그분의 말씀을 잠잠히 기다리는 것이 좋다. 혼자서 주님과 함께하는 고독의 시간을 가지는 것이 중요하다. 하나님은 그 시간을 사랑하신다! 수 세기 동안 하나님의 사람들은 고독과 침묵이 그분의 임재로 가며 그분의 마음을 듣는 데 이르는 문이라는 것을 발견했다.

계시를 받을 수 있는 가장 큰 비밀 중의 하나가 묵상이다(잠 8:32-35). 성경은 하나님의 말씀을 앞에 두고 묵상하라고 말씀한다(시 1:2 ; 수 1:8). 다윗 왕은 여호와의 선하심을 자주 묵상하고 하나님의 임재 안에 깨어 있었다(시 139:17,18).

아침저녁으로 하나님의 말씀을 들을 시간을 만들라(시 119:147, 148). 때마다 구하는 대로 새로운 깨달음이 있을 것이다. 아침과 저녁에 하나님을 묵상하고 하늘에서 만나가 내려오기를 기다려라.

걱정과 근심이 가득한 마음으로는 하나님의 음성을 똑똑히 알아들을 수 없다. 마음을 흔드는 일은 무엇이든 옆으로 제쳐두어야 한다. 걱정을 하나님께 드리고, 그것이 하나님의 통치 안에 있음을 알라(빌 4:6,7).

어떤 일이 염려된다면 기도하라. 감정은 종종 우리를 속이기도 하니 흔들리지 말라. 걱정은 하나님께서 말씀하려 하실 때 집중에 방해가 될 뿐이다. 우리의 최선은 기도이다. 기도할 때 하나님은 그 짐을 덜어주실 뿐 아니라 우리가 할 일에 관해 말씀하실 것이다. 기도는 상황들을 변화시키지만, 걱정은 한 가지도 바꿀 수 없다!

성경에서 하나님의 확인을 구하는 것은 언제나 옳은 일임을 잊지 말라. 하나님은 자신의 말씀인 성경을 거스르지 않으시겠지만, 성경에 대한 내 이해와는 상당히 다를 수도 있음을 나는 알게 되었다. 진심으로 하나님의 말씀을 듣고자 한다면 염려를 내려놓을 뿐 아니라 우리의 전통과 자기 의견도 내려놓을 필요가 있다. 하나님은 종종 그분의 감동으로 쓰인 성경의 구절들을 통해 우리에게 말씀하시므로, 자신의 한계를 조용히 내려놓고 성경을 펼치고 마음을 부드럽게 하여 하나님께 나아가야 한다. 그러면 주님은 당신이 그분의 말씀을 들을 수 있게 하실 것이다!

성경은 우리의 모든 꿈과 비전, 예언적 계시에 대해 최종적인 권위를 가져야 한다. 성경에 대한 우리의 견해가 하나님의 말씀을 정확하게 듣지 못하게 할 때가 자주 있다. 하나님은 결코 성경을 거스르지 않으시지만, 성경에 대한 우리의 의견과 전통에 반대하기를 두려워하지 않으신다.

여호와여 주의 말씀은 영원히 하늘에 굳게 섰사오며 시 119:89

기도 일지를 적어라

하나님의 말씀 한 단어에서도 위대한 보물을 찾을 수 있다. 당시에는 무슨 말인지 이해하지 못하다가 나중에 알게 되기도 한다. 그것을 일지에 적어두고 시간이 지나면서 하나님께서 당신에게 이해의 문을 열어주시는 것을 보라! 많은 중보자들이 기도 일지를 쓰는 것과 기도 중에 주시는 하나님의 말씀은 어떤 것이라도 기록해두는 것이 큰 도움이 된다는 것을 발견했다. 하나님은 그 말씀들에 큰 무게를 두시며, 우리도 그리해야 마땅하다. 하나님께서 주시는 계시를 잃어버리지 않도록 적어두는 것이 매우 중요하다(합 2:2).

우리는 성경 말씀과 하나님께서 주시는 예언적 말씀으로써 전쟁을 치른다. 예수님이 "기록되었으되"(마 4:4)라고 마귀에게 말씀하실 때와 같이 성경을 활용하라. 그러나 하나님께서 당신에게 예언과 꿈, 비전을 통해서 주신 말씀을 사용하는 것도 잊지 말라. 제대로 해석되면 그 말씀들 또한 기도 생활에 더 큰 무기가 된다(단 7:1).

성경에서 하나님의 예언자들조차 하나님께서 그들에게 하신 말씀을 두고 때로는 어리둥절했다. 때때로 하나님은 나중에 일어날 일에 대해 말씀하기도 하신다. 우리는 하나님께서 그 뜻을 분명하게 하실 때까지 인내하며 기다려야 한다.

하나님의 때는 정확하다. 하나님과의 하루는 천 년과 같다고 했다. 그분은 우리 일정과 생각의 제한 아래 살지 않으신다. 그분은 언제나 시간의 충만함 안에서 움직이실 것이다. 하나님께 계시를 받음으로 우리는 지혜롭게 행동할 더 큰 책임의 자리에 있게 된다. 잘 이해되지 않는다면 기다려라. 지금은 그저 그 내용을 적고 정한 때가 올 때까지 저장해두어라(합 2:3).

하나님에게 시간의 제한을 두는 것은 현명치 못한 처사이다. 믿음이 시험을 받을 수도 있다! 하나님을 기다리고 그분이 당신에게 최선의 결정을 하시도록 하는 것이 언제나 좋다. 하나님께서 당신을 대하시는 방식에 절대 화를 내지 않겠다고 결정한다면 복이 있으리라! 사람들은 하나님께서 자신들을 위해 움직이실 시간에 제한을 두다가 엄청난 기회를 놓쳐왔다. 주님은 종종 능력을 행하시기 위해 최후의 순간까지 기다리시기 때문이다(롬 5:6).

하나님의 마음에 맞추고 신중하라

누구도 성령의 자리를 대신할 수 없다. 우리는 하나님을 대변하는 사람의 말 대신 하나님의 말씀을 듣는 데 마음을 맞추어야 한다. 그리스도를 닮는 삶으로 나아가면서 스스로 하나님을 구하는 마음을 키워가야 한다. 정보가 아니라 친밀감을 구해야 한다. 스스로 하나님의 마음을 찾지 않고 다른 사람의 믿음에 의지해서 살지 않도록 조심하라(요일 2:27).

당신은 하나님의 말씀을 들으려는 이 모험을 시작하면서, 하나님께서 자신에게 말씀하셨다고 생각했는데 실은 자기 자신의 마음의 소리를 듣고 있었다는 것을 깨닫게 될 때가 있을 것이다. 우리 내면의 생각은 늘 조율이 필요하다. 하나님의 뜻을 존중하고 이해하는 성숙한 하나님의 친구라면 인간적인 감정과 하나님의 음성을 구분해야 한다. 우리가 생각하는 방식 중의 일부는 하나님의 방식에 맞춰야 한다. 주님은 그분의 생각들을 우리가 들을 수 있게 하셔서 우리가 우리 생각을 조정할 수 있게 도우시고, 우리에게 회개 및 성령을 닮기 위한 변화가 필요함을 보여주신다.

하나님을 따르는 사람의 마음은 듣는 마음이다. 다음 단계를 찾아 나서기 전에 하나님께서 당신에게 주신 그 일을 먼저 하라. 빛 안에서 걸을 때 하나님은 더 많은 빛을 주실 것이다(시 36:9). 내 뜻이 하나님의 뜻에 순종해야 성령께서 더 멀리 이끄실 것을 기대할

수 있다. 하나님은 우리의 순종이 완전해질 때까지 인내로 기다려
주신다(수 1:7).

그러나 당신이 받은 계시를 다른 사람에게 나누는 것은 현명치
못한 처사이다. 그들은 당신에게 주시는 하나님 말씀의 가치를 존
중하지 않을 가능성이 크다. 하나님께서 주신 일들을 다 말하지 않
고 속으로 간직하는 지혜가 필요하다. 지속적으로 하나님의 말씀
을 듣는 사람이라면 재빨리 자신의 지식을 겸손히 감출 것이다.

많은 경우, 하나님께서 하신 말씀을 불쑥 내뱉을 때 그 동기에는
다른 사람들에게 자신이 하나님과 더 가까운 사람으로 보이고 싶
은 욕구가 뒤섞여 있다. 그 내용을 다른 사람에게 알리는 것을 하
나님께서 허용하실 때까지 기다려라. 사도 바울은 하나님께서 자
신에게 주신 경험들을 다른 사람들과 나누기까지 14년이란 세월을
기다린(고후 12:1-10) 반면, 요셉은 자신의 경험을 나누었다가 구덩
이에 빠지게 되었다(창 37:5-23).

하나님께 질문하라

밤에 잠자리에 들기 전에 단순히 하나님께 질문할 생각을 해본
적이 있는가? 이것은 하나님 아버지로부터 놀라운 지혜와 인도를
받는 한 가지 방법이다. 우리는 그분과 지속적으로 소통해야 한
다. 예수님은 "구하라 그리하면 너희에게 주실 것이요"(마 7:7)라고
말씀하셨다. 그분은 자신의 그 말씀에 어떤 조건이나 자격도 달지
않으셨다. 우리는 성경에 관한 것이거나 우리의 미래, 인생에서 어

떤 결정, 사역의 방향 등을 포함해 무엇이든, 모든 것을 여쭤보고 답을 구할 수 있다(단 12:8 ; 시 16:7, 27:4 ; 렘 33:3).

그러니 자기 전에 하나님께 당신의 질문을 드리라. 만일 당신이 "하나님은 내게 말씀하시지 않아"라고 말해왔다면, 자, 여기 당신에게 도전하겠다. 앞으로 7일 동안 밤에 하나님께 구체적인 질문을 하고, 아침에 잠이 깨기 전에 하나님께서 당신에게 말씀하실 것을 믿으라.

다니엘서 2장 29절과 47절에서 하나님은 "은밀한 것을 나타내시는 이"라고 지칭된다. 당신이 필요한 것이 무엇이든, 하나님은 답을 가지고 계신다. 오늘 당신에게 지혜가 부족하거든 그저 그분에게 여쭤보라. 그러면 답을 주실 것이다(약 1:5).

가장 위대한 기도의 본보기이신 예수님조차 하나님의 지혜를 배우기 위해 질문하셨고(눅 2:46,47), 사도들도 늘 그분에게 질문을 하고 있었다(눅 11:1 ; 막 7:17). 당신이 꿈꿔보지도 못했던 위대하고 헤아릴 수 없는 일이 당신의 기도를 기다리고 있다.

오 늘 의 기 도
Today's Prayer

하나님, 주님이 제게 말씀하신다는 것을 알면서도 듣지 않을 때가 있습니다. 오늘 주님의 음성을 듣기로 결심하오니 제게 말씀하여 주소서. 주님의 음성을 들을 귀를 열어주시고 당신을 따를 은혜를 허락하소서. 아멘.

THRONE ROOM PRAYER

예수님과
기도하는
중보의 자리

7

세상의 제사장들이여!

그러므로 자기를 힘입어
하나님께 나아가는 자들을
온전히 구원하실 수 있으니
이는 그가 항상 살아계셔서
그들을 위하여 간구하심이라

히브리서 7장 25절

위대한 중보자이시며 우리의 모범이 되신 예수님을 보지 않고서 어떻게 기도를 말할 수 있겠는가? 그분은 우리의 중재자이시다. 우리 모두 우리 대신 하나님께 나아갈 중보자가 필요하다(욥 9:32,33). 하나님은 우리에게 중보자가 없음을 보시고 그분의 아들을 보내셨다!

　기도는 예전에도 그랬고 지금도 부활하신 우리 주님이 임재하시는 사역에서 중요한 부분이다. 그리스도의 사역은 그분의 죽음으로 끝나지 않았다. 부활의 능력으로 살아나신 주님이 우리를 위해 또 다른 사역으로 들어가셨으니 바로 중보 사역이다. 예수님의 이 기도 사역은 지금 당신이 이 책을 읽는 동안에도 계속된다. 왜냐하면 "그가 항상 살아계셔서 그들을 위하여 간구"(히 7:25)하시기 때문이다.

　완전한 인간이며 완전한 하나님이신 이분이 우리를 위해 하나님 앞에서 기도하신다. 예수님을 찾는 것은 기도하는 주님을 찾는 것이다. 영광스러운 인자이신 예수 그리스도를 진정으로 아는 것은 중보자를 아는 것이다. 예수님은 아버지 하나님의 영광으로 충만하여서 그분의 온 삶과 사랑 전부를 기도에 드리셨다. 우리가 다른 누구보다 예수님을 사랑하는 것은 그분이 우리를 위해 중보자로 사시기 때문이다.

생각해보라, 우리 주 예수님이 당신을 위한 기도에 몰두하고 계신다! 그것이 하나님 아버지의 오른편에 거하는 그분의 주된 임무이다. 그분이 사시는 것은 주로 심판하거나 능력을 과시하거나 천사를 지휘하기 위해서가 아니다. 그분의 특별한 신적 소명은 그의 백성을 위해 중보하는 것이다.

예수님이 오늘 당신을 위해 하나님 아버지께 무엇을 간구하시는지 상상할 수 있는가? 우리가 죄와 자아 그리고 사단으로부터 구원받은 것은 그분의 기도 덕분이다. 당신은 예수님과 동역자가 되어 하나님께 순종하고, 하나님의 아들이 드린 기도에 대한 응답이 되겠는가? 예수 그리스도는 기도 안에서 그분의 음성을 당신에게 들려주길 원하신다. 그분은 하나님과 함께하는 기도 시간에 동참하라고 당신을 초대하신다.

모든 믿는 자는 제사장이다

오늘, 믿는 자는 누구나 제사장으로 부름받았다(계 1:6 ; 벧전 2:5,9). 우리는 이 지상의 제사장들이며, 우리 모두에게는 기도로 다른 사람들의 짐을 하나님 앞에 가져가는 특권이 있다. 우리는 하나님께 다른 사람들의 짐을 가져가는 '중개자'가 되었다. 이런 기도를 중보기도라 부른다. 대단한 특권 아닌가! 소수의 특권이 아니라 우리 모두를 위한 것이다. 누구도 이런 기도의 표준이 너무 높다거나 성취되지 못할 것이라고 말할 수 없다.

하나님의 제사장으로서 당신의 진정한 사역은 그저 이 땅의 사람들 앞이 아니라 하나님의 보좌 앞에 있다. 마찬가지로 모든 교회는 중보하는 교회로 부름받았으니, 이 제사장적인 중보 사역을 적극적으로 추구해야 한다. 중보기도는 우리 직무 중의 하나이다.

이는 예수 그리스도를 따르는 당신이 이 땅의 제사장이라는 뜻이다! 요한계시록 5장 10절은 이렇게 말한다.

그들로 우리 하나님 앞에서 나라와 제사장들을 삼으셨으니 그들이 땅에서 왕 노릇 하리로다 하더라

능력과 영향력 그리고 축복이 왕과 제사장들로부터 흐른다. 왕에게서는 권력이 아래로 흐르지만, 제사장의 권력은 위로 올라가 하나님과 함께 승리한다. 예수님은 왕이요 제사장이시지만, 우리가 그의 신부가 되어 이 사역에 함께하도록 초청하신다. 우리는 하나님과 함께 승리하는 하늘의 야곱 족속이 되고 하늘을 움직이는 힘을 가진 왕자가 된다.

나는 하나님 앞에 제사장으로 서서, 하나님이자 사람이신 예수님의 바로 그 영광을 함께 나눈다. 나의 진정한 사역은 인간 앞에서

의 내가 아니라 하나님 앞에서의 내가 되는 것이다. 그것은 하나님 앞에서 예배하고 중보하는 제사장의 일이다. 구약에서 제사장은 하나님 앞에서 그 백성들을 대변하는 자였다. 그는 백성들의 짐을 여호와의 임재 안으로 가지고 들어갔다. 그는 열두 보석이 박힌 특별한 흉배의 형태로 12지파를 가슴 위에 얹어서 가지고 갔다.

사도 요한은 요한계시록 21장에서 그 문과 길을 열두 보석으로 장식하고 신부처럼 단장한 새 예루살렘 성을 보았다고 썼다. 이것은 제사장이 하나님 앞에서 사역할 때 그의 가슴에 달아 옮겼던 새 예루살렘의 축소판 모형에 대한 그림이었다. 흉배를 확대하면 새 예루살렘이 된다. 그 핵심은 새 예루살렘이 하나님과 사람이 하나로 연합되는 곳이라는 점이다.

출애굽기 30장에서 제사장들은 적어도 아침저녁으로 하루에 두 번은 제단에서 향을 사를 책임이 있었다. 그 행위는 모든 세대를 통해 내려온 영구적인 임무였다(레 6:13). 우리 또한 새 계명을 받은 제사장으로서 제단 위에 중보의 불이 계속 타오르도록 신실해야 한다. 그 불을 꺼뜨려서는 안 된다! 활활 타오르는 중보의 불길은 하나님 아버지의 보좌 앞에 피우는 향과 같이 올라가서 우리의 외침에 응답하시도록 하나님의 마음을 움직인다.

이러한 기도들은 어린양의 임재 안에서 향을 담는 금 대접을 가득 채울 것이다(계 5:8). 하나님의 제사장들이 그분의 거룩하심이 얼마나 아름다운지 보며 어린양을 경배할 때 우리는 하나님의 영광이 그의 백성에게 내리기를 밤낮으로 부르짖을 힘을 얻을 것이다.

오, 하나님의 제사장들이여, 일어나라! 중보기도의 불이 꺼지지 않게 하라!

주님이 우리의 동역자가 되기로 선택하셨기 때문에 우리는 이 땅에서 천국을 향한 그분의 목적을 성취하는 데 참여할 수 있다. 그분의 마음속에는 이 짐을 그분의 기도 동역자, 즉 중보기도자라 불리는 이들과 소통하며 나누고자 하는 열망이 있다. 정말로 기도가 필요한 구체적인 기도 제목들이 있는데, 하나님은 그 기도를 할 수 있도록 우리에게 무기를 주실 것이다.

그러나 우리는 먼저 그분의 음성을 듣고 그분의 마음을 이해하여야 한다. 우리 기도에 실효(實效)가 있기 위해서는 하나님의 음성을 듣는 것이 매우 중요하다. 우리는 하나님 아버지의 마음이 어떠한지를 듣고 나서, 그분의 뜻이 하늘에서와 같이 이 땅에서도 이루어지도록 우리가 들은 것을 기도하여야 한다.

기도가 자라고 진전되어 가면서 당신은 곧 하나님께서 그분의 짐을 당신과 나누시는 다른 방식들을 분별하기 시작할 것이다. 종종 뭔지 모를 부담감이 당신을 누를 것이고, 당신은 그때가 기도할 때임을 느낄 것이다. 그러한 부담이 악한 영이 주는 것이거나 우울증의 한 형태가 아니라는 것은 당신도 안다.

사실, 기도하기 좋지 않은 때란 없다. 당신이 하나님의 얼굴을 찾고(시 27:8) 그분의 마음에 무엇이 있는지 발견하도록 성령께서 당신의 마음을 휘저으시는 것이다! 이것이 그분의 동역자가 된다는 의미이다.

우리는 그분의 짐을 가볍게 해드릴 때까지 기도하려는 열망을 기꺼이 가슴에 품는다(마 11:28-30). 어떤 때는 특별한 이유 없이 눈물이 날 수도 있다. 다시 말하지만, 이것은 우울증이나 자기중심적인 눈물이 아니다. 주님은 우리가 그 문제에 연관된 감정을 느낌으로써 그 상황이나 사람에 대해 공감하게 해주신다.

그리고 만일 그분께 구체적인 것을 요청한다면 당신은 더 많은 것을 듣거나 섬광과 같이 나타나는 그림을 볼 수도 있을 텐데, 그로 인해 당신은 더 많은 기도 무기를 얻고 기도를 행동으로 옮길 수 있는 어떤 것을 받게 될 것이다(행 9:10-14).

선지자 다니엘은 예레미야 선지자가 쓴 예언을 붙잡고 천사가 나타날 때까지 기도했다(단 9:2 ; 렘 29:10). 그는 이스라엘의 운명에 대한 예언이 바벨론 포로 생활에서 풀려나 자신들의 땅으로 돌아가는 것임을 알았다. 다니엘은 이 예언을 그저 읽고 "오, 잘 됐구나"라고 말하지 않았다. 그러는 대신, 온 마음을 다해 중보기도 하였다. 다니엘서 9장 3절은 이렇게 기록한다.

내가 금식하며 베옷을 입고 재를 덮어쓰고 주 하나님께 기도하며 간구하기를 결심하고

하나님의 선지자는 자기 민족이 처한 절망적인 상태와 희망으로 가득한 하나님의 약속 사이에 서 있었다. 우리는 예언적 통찰을 어떻게 사용할지를 그에게서 배우게 된다.

사무엘의 이 말을 기억하라.

"말씀하옵소서 주의 종이 듣겠나이다"(삼상 3:10).

날마다 하나님의 문 앞에서 당신에게 기도 제목을 주시기를, 그리하여 그의 진정한 기도 동역자가 되기를 기다리는 사람이 되라! 하나님은 말씀하신다.

"누구든지 내게 들으며 날마다 내 문 곁에서 기다리며 문설주 옆에서 기다리는 자는 복이 있나니"(잠 8:34).

이 땅에서 하늘의 문을 열도록 중보기도를 시작하라

중보기도자인 우리에게는 천국의 문을 여는 열쇠가 주어진다. 우리는 지옥의 가장 나쁜 상황을 막고 천국의 가장 좋은 것을 풀어놓을 능력을 지녔다. 우리에게는 전능자의 통치 안에서 기능할 수 있는 권세가 있다(마 16:19). 우리는 하나님께서 주신 열쇠를 가지고 성령의 능력을 통해 천국의 자물쇠를 푸는 데 사용한다. '기억하시게 하는 거룩한 자들'로서 우리는 하나님의 비서로 활약하면서 그분께 자신이 지키시기로 합의한 약속들을 말씀드린다!

성경의 모든 약속은 하나님께 그분의 말씀을 지키시도록 일깨워 드리는 지점이 되며, 기도할 때 그 약속들은 응답된다. 하나님은 그분이 하기 원하시는 일을 우리가 그분께 요청하도록 하신다! 하나님께서 당신이 일 잘하는 비서임을 발견하시기를!

이것이 왕의 알현실에서 예수님과 함께 기도하는 기도 동역자가 되는 복된 신비이다. 항상 많은 사람이 기도하는 것이 아니라 주님의 백성이 기도하는 기도가 많은 것이다.

주님은 당신이 기도하는 목소리를 듣는 것을 좋아하신다(아 2:14-16). 그분은 그 목소리를 달콤하다고 하시고, 들을 때마다 감동하신다. 하나님께서 관계하시는 한 당신은 '나쁜' 기도를 하지 못한다. 당신은 그분의 소중한 자녀이기 때문이다. 하나님의 사랑은 우리의 모든 이상한 어휘와 어설픈 감정을 걸러내고 진심을 찾아낸다.

당신의 기도를 듣고 인상을 찌푸리는 하나님이 아니라 미소 지으시는 하나님을 기대하라(약 1:5). 하나님은 그분께 나아오는 자에게서 부족함을 찾지 않으신다(아 4:7). 이 달콤하고 신령한 확신을 품고 기도를 시작하라. 그러면 당신의 기도 생활이 성장하면서, 하나님을 아는 당신의 능력과 그분의 사랑이 함께 자라남을 보게 될 것이다.

가장 능력 있는 기도자는 하나님의 사랑에 매혹된 사람이다. 기도 안에서 예수님을 만나는 모든 만남이 당신의 마음을 그분과 나누는 귀하고도 신령한 시간이 되게 하라. 그분이 응답하시고 가장 신령한 비밀을 당신에게 나누어주실 때 듣기를 배우라.

주 예수님, 주님은 유리 바다 위에서 함께 기도하자고 저를 부르셨습니다. 저는 하나님 앞에서 다른 사람을 위한 중보기도를 하는 제사장이 되겠습니다. 저는 주님이 지금 저를 위해 기도하고 계심을 아는 것이 참 좋습니다. 주님과 하나 되는 것을 생각하는 것이 참 좋습니다. 제 기도가 주님의 마음과 같이 울리는 메아리가 되게 하소서. 주님이 저의 주변 사람들에게 가지신 관심을 저도 가지고 주님과 함께 중보자가 되게 도우소서. 사랑합니다, 주님! 아멘.

8

다리를 놓는 중보기도자

만일 일천 천사 가운데 하나가
그 사람의 중보자로 함께 있어서
그의 정당함을 보일진대
하나님이 그 사람을 불쌍히 여기사
그를 건져서 구덩이에 내려가지 않게 하라
내가 대속물을 얻었다 하시리라

욥기 33장 23,24절

왕의 알현실에서 보좌기도를 드릴 때 기도자는 그 사람 혹은 어떤 상황이 처한 현실과 하나님께서 사람들이 있기를 원하시는 곳, 그 사이에 서서 그들을 하나님께로 다시 데려오는 다리를 놓는다. 우리가 가진 필요와 우리가 바라는 공급 사이의 빈자리는 중보기도로 이어져야 한다.

모든 그리스도인은 주변 사람들의 필요를 위해 기도로 싸워야 하며(겔 22:30), 사랑이 동기가 된 중보기도로 우리 형제를 지키는 자가 되어야 한다. 우리는 다른 사람들을 위해 그 단절을 극복하도록 기도로 사람들이 하나님께 나아갈 다리를 놓는다. 지금은 교회가 새로운 기름부음으로 일어나서, 잃어버린 자와 방황하는 이들이 하나님께 돌아갈 다리를 건설할 때이다.

우리는 욥기 33장 19-26절에서 여덟 가지의 강력한 진리를 배운다.

1. 중보자는 상처 입은 사람들을 도우려고 개입하는 천사(사자)와 같다. 다른 누군가를 위해 기도할 때 당신은 그들을 위한 하나님의 중보

자가 된다.

2. 중보자는 하나님께 징계받은 자라도 기도를 통해 치유하는 권위를 가진다. 당신의 기도는 그들의 고통과 문제를 줄여준다.

3. 진정한 중보자는 '중간에 선' 중개자이다. 당신은 도울 준비를 하고 계시는 하나님과 치유 받기를 원하는 상처 입은 사람들 사이에 서 있다.

4. 중보자는 매우 귀하며 흔치 않은 존재이다. 그들은 '천 명 중에 한 명'이 있을 뿐이다. 하나님은 당신을 이 귀하고도 능력 있는 사역으로 부르고 계시는지도 모른다!

5. 중보자는 보혈의 핏값에 기대어 하나님께 나아갈 수 있다. 예수님이 그 값을 다 치르셨기에 우리는 십자가 위에서 완성된 예수님의 역사 위에 우리의 기도를 올릴 수 있다.

6. 중보자는 하나님의 사랑을 받는다. 중보자가 될 때 당신은 그리스도를 닮아간다. 사람들은 당신이 기도의 자리에서 예수님과 함께해왔다는 것을 알아볼 것이다.

7. 중보자는 하나님의 얼굴을 볼 때까지(기도의 응답이 올 때까지) 기도한다. 계시는 언제나 친밀함을 통해 흘러나오며, 기도가 그 친밀함으

로 가는 열쇠이다.

8. 중보기도는 타락한 사람들을 의로운 상태로 회복시킬 것이다. 타락한 영혼을 회복시키는 것보다 인생에 더 의미 있는 일은 없다.

중보기도는 왕의 기름부음을 가져온다
열정적인 중보기도는 모든 믿는 사람을 왕으로 만든다. 그는 크나큰 권위로 사로잡힌 자들을 자유롭게 하며 죄수들을 어둠에서 풀어준다(사 61:1). 이러한 열정적인 중보에는 사람들을 변화시키고 풀어주는 능력이 담겨 있다. 우리는 예수님의 이름과 하나님의 말씀을 사용하여 사단이 그의 먹잇감을 포기할 때까지 담대하고도 집요하게 기도를 계속해야 한다.

이런 유형의 기도에 몰두하려는 각오는 이웃, 친구, 동료와 가족뿐만 아니라 뭇 나라들의 영원한 운명을 결정할 것이다. 이 생애에서 사단의 손아귀에서 풀려나지 못하는 사람은 영원히 사단의 권세 아래에 놓일 것이다. 우리의 기도는 그들을 풀려나게 할 잠재력을 지닌다. 왕의 기름부음을 통해 우리의 기도는 하나님께서 하실 수 있는 일은 무엇이든 할 능력과 권세를 가지게 된다!

하나님과 함께 사람을 위해서 할 수 있는 가장 위대한 일이 바로 기도이다. 하나님은 기도를 통해 세상을 만드신다. 우리가 중보기도로 복음을 들어야 할 사람들을 목표로 표시를 해두면 하나님은 그들의 마음을 무장해제 시켜주신다. 하나님은 그들에게 눈길을 두시고 확신의 화살로 그들을 명중시키신다. 올라간 것은 내려오게 마련이다! 기도는 사람들의 마음을 하나님께로 돌리는 열쇠이다.

중보기도자는 다른 사람들에게 동질감을 갖는다

중보기도에는 기도하는 그 기도 대상자와 자신을 동일시하여 그 사람의 전체 상황에 자기 자신을 대입시키는 일이 필요하다. 우리는 그들이 울 때 함께 울고 그들이 기뻐할 때 함께 기뻐한다(롬 12:15). 다른 사람의 짐을 대신 질 때 그리스도의 법을 이행하는 것이다(갈 6:2).

다른 사람을 위해 어떠한 종류든 희생을 치르지 않고는 중보기도가 이루어질 수 없다. 예수님은 우리를 위해 최고의 희생으로 값을 치르셨고, 그래서 우리를 위해 중보하실 수 있는 완전한 권위를 갖추셨다. 중보기도와 희생은 연결되어 있다. 가장 강력하고 가장 효과적인 중보기도는 어떤 대가를 치르게 된다.

당신이 중보하는 그들 주변에 보호벽을 세우거나 사랑을 베풀면서 시간과 감정적인 에너지를 들인 희생은 결코 잊히지 않을 것이다. 예레미야는 자신의 백성을 위해 이렇게 울부짖었다.

초저녁에 일어나 부르짖을지어다 네 마음을 주의 얼굴 앞에 물 쏟듯 할지어다 각 길 어귀에서 주려 기진한 네 어린 자녀들의 생명을 위하

여 주를 향하여 손을 들지어다 _{애 2:19}

사람들이 자신의 기도가 들리도록 기꺼이 그 값을 치르려 할 때 하나님의 마음이 움직인다.

바울은 자기 민족 이스라엘의 구원을 위해서라면 영원히 저주를 받겠다고까지 말했다(롬 9:3). 바울의 이러한 마음과 희생으로 보좌 앞에서 그의 중보기도에 능력이 주어졌다. 바울은 이스라엘 민족을 위해 하나님의 마음을 표현했다. 우리의 중보기도가 그렇게 격렬해질 때 하늘은 다른 사람을 위해 움직일 것이다.

모세와 바울 두 사람 모두 기업으로 받은 약속의 땅으로 하나님의 백성을 인도한 위대한 중보자들이었다. 전사이자 파수꾼인 이들은 하나님의 위대한 권위로 백성들의 삶을 궁극적으로 변화시켰다(출 32장). 이것이 오늘 우리에게 필요한 일이다!

중보기도자는 담대하다

이제 중보기도의 약속된 땅으로 옮겨갈 때이다. 오직 담대하고 열정적인 개척자들만이 중보자로 지원한다. 대단히 감정적인 중보기도에는 담대함이 동반된다. 기도할 때 당신의 마음 안에서 예수님의 권위에 대한 확신이 커져가는 것을 지켜보라. 담대한 기도자가 응답을 얻을 것이다. 담대한 기도로 나아갈 때 우리의 기도 생활은 바뀔 것이다(히 4:16).

자신이 그리스도와 하나라는 것을 이해하는 사람은 담대하게 기도한다. 하나님 앞에서 잠잠히 비탄에 잠길 때가 있고 담대히 중보할 때가 있다. 사람들의 생명이 거기에 달려 있기 때문이다!

성전 미문에서 '나면서부터 못 걷게 된 자'를 만났을 때, 베드로와 요한은 그를 위해 담대하게 기도했다. 그들의 담대함은 근처에 있는 종교인들에게는 미움을 받을 만한 것이었다(행 4:13). 베드로와 요한의 영적 담대함이 진동을 일으킨 것과 같이, 교회가 담대한 기도를 배울 때 영적 지진이 일어난다(행 4:29-31).

바울은 그리스도를 선포하는 자신의 사역에 담대함이 있게 해달라고 다른 사람들에게 기도를 부탁하였다(엡 6:18-21). 앞으로 기도를 할 때 더 큰 담대함이 당신의 영혼 속에서 솟구칠 것을 기대하라! 하나님은 예수님의 기도 동역자인 당신의 중보기도를 받으시고 세상을 변화시키실 것이다!

담대하고 전략적인 파괴자는 하나님께서 지명해두신 곳으로 그 한계를 힘껏 밀고 나아갈 것이다. 바로 지금, 기름부음을 받은 중보기도의 선두자들이 앞서 나가 그 영역을 넓혀가고 있다. 당신은 하나님 아버지께서 당신의 마음에 놓아두신 그 부담을 기꺼이 떠맡음으로써 그들에게 합류할 수 있다.

담대하라, 그리고 적에게 위협받기를 거절하라. 중보기도 할 때, 원수의 모든 비난을 떨쳐버리고 열등감과 자책감을 옆으로 밀쳐 버려라. 이것은 원수가 당신을 기죽여서 자기 자신만 보게 하려는 전략이다.

아들의 보혈로 인해 하나님은 당신이 행한 그 어떤 잘못도 기억하지 않으신다. 하나님에게만큼은 당신은 깨끗하고, 소명만이 있을 뿐이다. 세 개의 못이 당신의 전력(前歷)을 끝냈다. 이제 당신에게는 하나님이 계획하고 정하신 소명, '데스티니'만 있을 뿐이다!

중보기도자는 권위가 있다

> 이 땅을 위하여 성을 쌓으며 성 무너진 데를 막아 서서 나로 하여금 멸하지 못하게 할 사람을 내가 그 가운데에서 찾다가 찾지 못하였으므로 내가 내 분노를 그들 위에 쏟으며 내 진노의 불로 멸하여 그들 행위대로 그들 머리에 보응하였느니라 주 여호와의 말씀이니라 겔 22:30,31

하나님은 한 사람을 찾으신다. 그분에게는 역사의 조류를 바꿀 한 사람만이 필요하다. 우리는 하나님과 그분의 자비를 간구하는 사람들 사이로 들어간다. 얼마나 복된 소식인가! 하나님은 그분의 분노를 쏟아내지 '않으시도록' 사람들이 와서 자신을 설득해주기를 간절히 바라신다! 옛적부터 계신 분이 우리에게 중보기도를 하도록 초청하신다.

하나님과 벌이는 이 거룩한 논쟁으로 심판을 피하거나 미룰 수 있다. 우리의 중보기도가 의로운 심판을 줄이고 약화시키거나 다른 날로 지연시키는 데 사용될 수 있다. 중보자는 하나님의 의로운 심판과 자비를 구하는 사람들의 중간에 서 있는 자가 된다. 예레미야, 요나, 에스겔과 다른 선지자들 모두 닥쳐오는 심판에서 뭇 나라들을 구하기 위해 죄인들을 대신해 개입한 중보기도자들이었다. 하나님은 자신의 심판과 파괴의 손을 되돌리기 위해 기꺼이 그분 앞으로 나아올 용기 있는 중보자들을 간절히 찾고 계신다. 중보자들은 하나님의 자비를 활용해야 한다!

중보기도자는 고됨을 딛고 추수한다

하나님은 우리가 단순히 기독교로 개종하는 것이 아니라 교회 안에서 거듭나기를 원하신다. 산모가 아기를 낳기 위해 산통을 무릅쓰듯, 교회도 열방이 영혼을 거듭나게 하기 위해서는 중보기도라는 산통을 겪어야 한다. 우리는 이러한 거룩한 끈질김을 가지고, 하나님께서 각 나라를 위대한 종말의 추수로 축복하시기 전에는 하나님을 붙잡고 놓아드리지 말아야 한다. 기도의 황금 낫은 교회에 추수할 황금 낫을 줄 것이다. 성도들의 기도는 이 땅 전체에 "추수하는 천사"(계 14:15,16)를 포진시킬 것이다.

중보기도를 뜻하는 히브리어 '파가'(paga)에는 "힘써 기도하다, 앞으로 나아가다, 표적을 치다, 울다, 갈라놓다, 건드리다, 닿다, 목표물을 맞히다, 공격하다, 습격하다" 등의 의미가 있다. 성경은 뒤죽박죽인 기도의 형태를 그려놓는 셈이다!

고통이 없이는 탄생도 없다. 아기는 저절로 태어나지 않는다. 아이를 낳아본 여성이라면 누구나 진통이 어떤 것인지 안다. 고통 혹은 역경이라는 뜻의 히브리어 '얄라드'(yalad)는 분만의 시간 또는 극심한 출산의 고통을 말한다. 영적 자녀가 태어나기 위해서는 어디선가 누군가는 중보기도라는 고통을 겪어야 한다! 당신에게 잃어버린 영혼을 위한 고통을 무릅쓰는 정신이 있다면 다른 어떤 것도 문제가 되지 않는다. 탄생을 이루기까지 출산의 고통을 감당해야 한다. 하나님의 마음을 사로잡는 그것이 당신의 마음도 사로잡기 시작한다. 마치 하나님께서 아기가 나오도록 자궁이 열리게 준비하시는 것같이 고통은 새 생명을 위한 문을 연다.

우리는 하나님은 사랑이시며 모든 사람에게 최선의 것을 주기 원하신다는 확신에 근거하여 중보기도라는 수고를 감내한다. 그러므로 우리는 인류에 대한 하나님의 사랑에 호소하면서 그분의 마음이 움직이시도록 기도해야 한다. '서로' 다투고 씨름하는 대신, 기도 안에서 '서로를 위해' 씨름해야 한다. 우리가 사랑의 마음으로 기도할 때, 신앙을 버렸던 사람들도 돌아올 것이다.

종말의 추수를 원하시는 하나님의 진정을 마음을 느끼기 시작할 때 우리는 절로 눈물이 흐를 것이다. 긍휼의 눈물을 흘리며 하는 말은 반드시 사람의 마음을 울릴 것이다. 사람들이 당신의 말에는 저항할 수 있겠지만, 당신의 눈물에는 저항할 수 없을 것이다. 눈물의 선지자라는 별명이 붙은 예레미야는 하나님의 백성들이 완악함으로 인해 울었다(렘 9:1 ; 애 2:11,18,19). 바울 또한 날마다 '밤낮 쉬지 않고 눈물로'(행 20:31) 하나님의 백성에게 경고했다.

시편은 이렇게 우리에게 가르친다.

눈물을 흘리며 씨를 뿌리는 자는 기쁨으로 거두리로다 울며 씨를 뿌리러 나가는 자는 반드시 기쁨으로 그 곡식 단을 가지고 돌아오리로다
시 126:5,6

◆ 오 늘 의 기 도 ◆
Today's Prayer

주 예수님, 주님을 사랑합니다. 그리고 주님의 동역자가 되기 원합니다. 온종일 계속해서 기도 안에 있기를 간절히 원하오니, 주님과의 아름다운 친밀함을 길러가게 하소서. 저의 약함을 도우시고, 기도 사역을 할 때 제게 은혜를 주시옵소서. 주께 제 영혼을 드립니다. 아멘!

9

연합기도

보라 형제가 연합하여 동거함이

어찌 그리 선하고 아름다운고

머리에 있는 보배로운 기름이

수염 곧 아론의 수염에 흘러서

그의 옷깃까지 내림 같고

헐몬의 이슬이 시온의 산들에 내림 같도다

거기서 여호와께서 복을 명령하셨나니 곧 영생이로다

시편 133편

믿는 자들이 함께 모여서 기도할 때 강력한 역사가 일어난다. "은혜의 보좌"(히 4:16) 앞에서 다른 사람들과 마음을 합할 때 우리는 더 큰 영향력을 기대할 수 있다. 기도는 하나님과 함께하는 개인적인 경건의 시간 그 이상이어야 한다. 함께하는 기도는 집단적인 상황에서 다른 사람들과 경험을 공유하기 위한 것이다. 하나님은 그 자녀들이 열정과 일치로 함께 기도하는 것을 볼 때 기뻐하신다. 당신과 나는 기도의 개척자로 부름받은 것이다.

초대 교회 사도들은 계속해서 함께 모여 기도하였다(행 2:42). 합심 중보기도는 초대 교회의 일관된 관행으로 부흥과 기적을 일으키는 불쏘시개 역할을 했다. 하나님의 마음을 추구하는 모든 교회는 중보기도를 정기적인 기도회로 만들어야 한다. 이렇게 모인 합심기도는 언젠가 하나님께서 열방 중에서 다윗의 성막을 다시 세우실 때 이 땅의 모든 지역을 위한 24시간 기도의 중심이 될 것이다.

하나님 아버지께서 종말의 때에 중보기도자에 대해 하시는 말씀을 들어보라.

내가 곧 그들을 나의 성산으로 인도하여 기도하는 내 집에서 그들을 기쁘게 할 것이며 그들의 번제와 희생을 나의 제단에서 기꺼이 받게 되리니 이는 내 집은 만민이 기도하는 집이라 일컬음이 될 것임이라
사 56:7

하나님은 그분의 기도의 집에 기쁨을 가져다주기를 간절히 바라신다. 지금 이 순간에도 기도의 즐거움이 온 땅의 기도하는 방으로 흘러들고 있다! 하나님께서 기도에 헌신하는 이들에게 큰 기쁨을 주겠다고 약속하셨기 때문이다. 하나님의 사랑에 매인 예배자들이 이미 기도의 집을 가득 채우고 있으며, 하나님과 함께 지내는 기도가 얼마나 즐거운지 발견하고 있다.

하늘은 땅을 기다린다!

적극적이고 열렬한 기도가 이 땅에서 하나님이 움직이시게 한다. 천상의 움직임은 땅의 움직임에 의해 좌우된다. 예수님의 가르침에 귀 기울여보라.

"진실로 너희에게 이르노니 무엇이든지 너희가 땅에서 매면 하늘에서도 매일 것이요 무엇이든지 땅에서 풀면 하늘에서도 풀리리라"(마 18:18).

이것이 믿음으로 합심하여 드리는 기도의 배경이 된다. 하늘에서 역사가 일어나기 전에 반드시 먼저 땅에서 움직임이 있어야 한다.

우리는 열쇠를 받았으며, 하늘이 움직이기 전에 이 열쇠들을 활용해야 한다! 하늘이 아니라 땅에서 먼저 매고 먼저 푼다. 우리의 기도는 하늘과 반대되는 것은 모두 매고, 이 땅에 이루어지기를 하나님께서 원하시는 것은 무엇이든 풀어야 한다. 주권자 하나님은 교회가 하늘을 통제하기를 원하신다!

이해가 가는가? 하나님은 중보기도하는 사람들의 통치권에 능력을 더하셨다. 모세가 들어 올린 팔이 전투 결과를 좌우했던 것처럼(출 17:9-11) 중보기도자들은 이 땅에서 팔을 높이 들고 하늘의 은혜가 이 땅의 전장 위에 내려오는 것을 보는 사람들이다. 참으로 하나님은 우리가 이겨서 승리를 맛보기를 원하시지만, 우리가 적극적으로 기도하지 않는다면 전투에서 질 수도 있다.

하나님은 실제로 우리의 간구에 져주실 것이다! 말하자면, 아버지 하나님은 그의 아들들이 자신을 중보기도로 '매트에 눕히도록', 이겨서 꼼짝 못 하게 하도록 하신다.

"주 여호와께서 이같이 말씀하셨느니라 그래도 이스라엘 족속이 이같이 자기들에게 이루어주기를 내게 구하여야 할지라"(겔 36:37).

연합기도 : 하나님의 능력

예수님은 믿는 자들이 함께 모여 중보할 때 기도의 능력이 배가된다고 제자들에게 가르치셨다. 기도하는 한 사람이 천 명을 쫓을 수 있고, 두 사람이 만 명을 쫓을 수 있다! 하늘의 수학법을 사용하면,

한목소리로 기도하는 7명만으로도 10억을 쫓을 수 있을 것이다!

우리가 다른 사람들과 마음을 합하여 일치된 기도를 할 때 세상을 변화시키는 기도가 일어날 것이다. 그래서 예수님은 늘 제자들을 두 명씩 묶어서 보내신 것이다. 한 영으로 한마음이 되어 함께 기도하면 하늘을 감동시킨다.

성경에는 개인주의적이 아닌 공동 기도의 모델이 있다. 우리가 진정으로 일치하여 함께할 때 시편 133편이 말하는 하늘의 축복을 경험하게 된다. 신약성경에서 우리에게 말씀하시는 예수님의 의도는 이렇듯 분명하다.

진실로 다시 너희에게 이르노니 너희 중의 두 사람이 땅에서 합심하여 무엇이든지 구하면 하늘에 계신 내 아버지께서 그들을 위하여 이루게 하시리라 두세 사람이 내 이름으로 모인 곳에는 나도 그들 중에 있느니라 마 18:19,20

그를 향하여 우리가 가진 바 담대함이 이것이니 그의 뜻대로 무엇을 구하면 들으심이라 우리가 무엇이든지 구하는 바를 들으시는 줄을 안즉 우리가 그에게 구한 그것을 얻은 줄을 또한 아느니라 요일 5:14,15

사도행전 전체를 통해 교회가 활발하게 합력하는 것과 기도로 모이는 일에 힘쓰는 것을 보게 된다. 교회가 하나 되어 기도할 때 우리의 권위는 커진다.

여자들과 예수의 어머니 마리아와 예수의 아우들과 더불어 마음을
같이하여 오로지 기도에 힘쓰더라 행 1:14

오순절 날이 이미 이르매 그들이 다같이 한 곳에 모였더니 행 2:1

빌기를 다하매 모인 곳이 진동하더니 무리가 다 성령이 충만하여 담
대히 하나님의 말씀을 전하니라 믿는 무리가 한마음과 한 뜻이 되어
모든 물건을 서로 통용하고 자기 재물을 조금이라도 자기 것이라 하
는 이가 하나도 없더라 행 4:31,32

예수님은 그분의 모든 제자가 한 영으로 영광 안에서 그분과 함
께 하나가 되기를 간절히 바라셨다. 나는 우리가 중보기도 하기 위
해 하나로 모일 때마다 주 예수님의 마음을 기쁘시게 하며, 한편으
로는 그것 자체가 기도에 대한 응답이라고 느낀다. 합심기도회는
하늘 영광을 위한 실습과 같으며, 당신은 심지어 그곳을 가득 채우
는 하늘의 영광을 느낄 것이다!

함께 기도하면 이 땅에 하늘이 내려오고 각 사람을 향한 하나님
의 비전과 계획이 이루어지는 삶으로 우리를 데려간다. 우리가 일
치되고 지속적인 기도로 함께 모일 때까지 교회에 하나님의 영이 주
어지지 않을 것이다. 하나님은 우리가 천국에 동의하기를 기다리고
계신다! 참된 기도는 기도회에 기쁨과 즐거움을 가져온다. 주님은
"기도하는 내 집에서 그들을 기쁘게 할 것이며"(사 56:7)라고 말씀

하셨다.

종교적인 영은 모든 기도 모임이 고백과 회개의 시간이 되기를 원한다. 하지만 성령으로 비롯된 진정한 죄의 자각과는 동떨어진 자기성찰은 우리를 하나님의 마음에 가까이 가게 하지 못하고 오히려 멀어지게 한다. 물론, 울어야 할 때가 있다. 성경은 "울 때가 있고 웃을 때가 있으며 슬퍼할 때가 있고 춤출 때가 있으며"(전 3:4)라고 말씀한다. 그러나 신랑과 함께 있다면 기뻐할 때이다!

우리는 친구요 신랑 되시는 주님을 사랑과 기쁨으로 맞이한다. 기도 모임을 주님과의 로맨스처럼 느낄 필요가 있다! 우리는 주님의 신부이며, 그분을 열렬히 사랑한다. 우리 생각이 신랑으로, 그리고 우리에 대한 그분의 강렬하고 아름다운 사랑으로 가득 차 있다면 어떻게 부정적일 수 있겠는가? 주님은 정말로 우리가 그분과 함께 기도하는 시간을 즐기기를 원하신다.

합심기도회에서는 흥미로운 역동이 일어난다. 함께 모여 온전히 하나님께 집중할 때 우리의 영은 가장 깊은 차원에서 서로 연합될 수 있고, 주의 집중 시간은 길어지는 경향이 있다. 우리 대부분은 함께 기도하면 더 오래 기도할 수 있고, 하나님의 영은 기도자 서로를 통해 기도실 안에서 움직인다.

하나보다 둘이 좋다. 그들은 만 개의 방해를 쫓아낼 수 있다. 중보기도 하기 위해 수백, 아니 수천 명이 모일 때 능력이 발산된다. 그러고 나면 우리는 다른 사람들이 기도하는 동안 소극적으로 하나님과 떨어져 있기보다는 적극적으로 하나님과 접촉하며 관계를 맺을 수 있다. 그것은 마치 우리 모두가 영적으로 연합하여 있도록 건강하고 거룩한 동료의 압력이 가해지는 것 같다. 기도에 약한 자들은 가르침을 받고, 기도에 강한 자들은 지나치게 구슬리지 않고도 다른 사람을 기도하도록 이끌며 격려할 수 있다. 금상첨화인 것은, 우리의 목소리와 마음이 하나로 모일 때 시편 133편에 명령된 축복이 풀어져 내린다는 것이다. 교회가 기도할 때 특별한 일이 일어난다!

중보기도모임은 교회의 자궁이 되어 하나님의 목적을 출산한다. 많은 교회가 이것을 이해하지 못하고 진통의 신음소리를 잠재우고 싶어 한다. 하지만 이는 추수를 위해 겪는 고통일 뿐이다. 당신은 중보기도를 처음 접하는 사람들에게 무슨 일이 일어나고 있는지 알려주고 싶을지도 모르지만, 진정한 중보기도의 고통을 단지 상한 감정으로 가득 차서 내는 소음으로 오해하지 않도록 주의하라.

세상의 희망은 중보기도의 군대가 일어나서 하나님의 약속이라는 놀라운 무기로 무장한 전장의 신부로서 자신의 자리를 잡는 것이다(에베소서 5,6장). 시온이 고난을 당하면 자녀를 출산한다! 때로 당신에게 익숙하지 않은 방식으로 자신을 표현하는 사람들이 있더라도, 그들이 그러지 못하게 하기 전에 먼저 하나님께서 어떻게 하실지 기다리며 지켜보는 것이 가장 좋을 수 있다. 어쩌면 당신은 부흥이 일어나기 전 고통의 와중에 있을지도 모른다!

주 예수님, 주님과의 기도에 들어오도록 왕의 알현실에서 부르는 소리가 깊은 곳에서 들리는 것을 느낍니다. 기도가 있는 곳이라면 어디든, 주님의 전진하는 왕국에서 맨 앞줄에 서기를 원합니다. 저를 걸어 다니는 기도회가 되게 하소서. 주의 기도 동역자가 되고자 하는 깊은 열망으로 제 마음이 불타오르게 하소서. 주님이 가르치실 모든 것을 배우기 원합니다. 아멘.

CHAPTER

10

주의 기도(1)

예수께서 한 곳에서 기도하시고 마치시매

제자 중 하나가 여짜오되

주여 요한이 자기 제자들에게

기도를 가르친 것과 같이

우리에게도 가르쳐주옵소서

누가복음 11장 1절

THRONE ROOM PRAYER

예수님의 기도는 매우 강력하여 제자들은 예수님에게 그 기도의
비밀을 알려달라고 간청한다. 예수님은 기도에 관해 최종적인 권위
를 가지셨으며 교사이시다. 앞의 성경 말씀에서 두 가지를 바로 알
아차릴 수 있는데 하나는 효과적인 기도는 배울 수 있다는 것이고,
또 하나는 기도를 배우기에 가장 효과적인 환경은 제자도의 맥락
안, 즉 멘토링 관계 안에 있다는 것이다.

예수님은 본을 보임으로써 제자들을 가르치시고, 계속해서 그분
을 따르는 이들을 가르치셨다. 기도하는 법을 배우기 원하는가?
그 갈망이 있는 것이 첫 단계이다. 이렇게 주님에게 말씀드리라.

"주님, 제게 기도를 가르쳐주세요!"

세대를 막론하고 성경을 배우는 학생들에게 알려진 가장 위대
한 기도 모델 중의 하나는 주 예수님이 우리에게 주신 '주기도문'(마
6:9-13)이다. 영어로 번역하면 겨우 91개의 단어에 불과한 이 기도
문에서 예수님은 어떻게 기도해야 하는지 본을 보여주신다.

우리는 어릴 적에 주일 아침마다 교회에 가서 한목소리로 이 기

도문을 암송하곤 했다. 덕분에 지금도 암송할 수 있다. 나는 거듭
남을 경험한 후 몇 년 동안 이 기도문을 거의 사용하지 않았는데
그간 너무 많이 사용했다고 느껴서였다. 하지만 지금은 주기도문
에 합심기도와 경건기도 시간에 활용할 수 있는 그리스도의 지혜가
담겨 있음을 새롭게 깨달았다. 주기도문 안에는 하나님 안에서 경
건하게 사는 삶의 모든 요소와 지성소로의 진행이 들어있다. 주기
도문의 범위를 눈여겨보자.

예배	하늘에 계신 우리 아버지여. 아버지 이름의 영광이 우리 삶이 돌아가는 중심이 되게 하소서.
중보	아버지의 나라가 선명히 드러나게 하시며. 아버지의 모든 뜻이 이 땅에서도 이루어지게 하소서.
개인적인 간구	아버지는 매일 우리에게 필요한 모든 것을 공급해주는 분이십니다.
다른 사람에 대한 용서	우리가 우리에게 잘못한 사람들을 용서하여준 것같이
죄의 고백	우리가 저지른 잘못들을 용서해주소서.
인도	고난과 시련을 겪을 때 우리를 구해주소서.
영적 전쟁	그리고 우리를 악에서 풀려나게 하소서.
담대한 선포	아버지는 권능과 영광으로 영원히 다스리는 왕이시기 때문입니다. 아멘.

주기도문은 진정한 기도의 모델이기 때문에 오늘날 많은 사람이 그 기도문이 기록된 대로 기도하면서 위로를 얻는다. 그러나 주기도문은 중보기도로 도약하도록 발판의 역할을 하는 것이 입증된 기도 방식이기도 하다. 주기도문은 우리가 성경적인 합심기도를 하는 데 아주 멋진 윤곽을 그려준다. 만일 당신의 중보기도모임이 판에 박혀 있다면 주기도문을 모델로 삼아 기도해보라. 기도가 하나님과 그의 영광에 대한 찬양으로 시작하고 끝나는 것에 주목하라.

하늘에 계신

예수님과 함께 보좌에 앉는 것은 하늘의 부름(빌 3:14 ; 골 3:1-3)이다. 기도할 때마다 우리의 열망과 갈망은 하나님이 거하시는 장소를 향해야 한다. 우리는 기도의 자리가 우리 마음의 진정한 집임을 안다. 다윗이 천국을 어떻게 바라보는지 그 마음을 보라.

내가 여호와께 바라는 한 가지 일 그것을 구하리니 곧 내가 내 평생에 여호와의 집에 살면서 여호와의 아름다움을 바라보며 그의 성전에서 사모하는 그것이라 시 27:4

이렇게 천국에 이끌리는 마음이 기도에 가득 차야 인간적인 욕망에서 구원을 얻을 수 있다. '하늘에 계신' 분께 생각을 집중할 때 우리의 걱정은 흩어진다.

우리 아버지여

우리는 하나님 아버지에게서 오는 안정감과 사랑 위에서 기도에 대한 확신을 얻는다. 우리는 주의 사랑을 받는 사람, 온 땅에서 그분이 가장 좋아하시는 존재가 되는 특권을 기뻐한다. 하나님을 아버지라 부를 수 있는 것은 엄청난 특권이며 기쁨이다. 하나님 아버지의 사랑과 용납하심은 언제나 실재하며, 이는 우리가 느끼지 못할 때도 그러하다. 다른 사람들과 교제하며 하나님께 나아가는 것은 언제나 크나큰 기쁨이다.

그분이 우리 아버지이시다. 그리고 가장 높으신 하나님의 자녀로서 우리는 태어나면서부터 합심기도의 특권을 가지고 있다. 우리는 "장자들의 모임"(히 12:23)이기에 장자권을 가진다. 하나님을 아바 아버지라고 부를 때 우리는 하나님의 장자요 장녀로서 완전한 유업으로 들어간다.

하나님을 아버지로 모신다는 것은 다음과 같은 뜻이다.

- 나는 하나님의 주목을 받는 중심인물이다.
- 나는 하나님의 관심을 받는 자이다.
- 나는 하나님 영광의 수혜자이다.
- 나는 하나님 계획의 초점이 된다.
- 나는 하나님 사랑의 대상이다.
- 나는 온전하고 지속적으로 하나님을 점유한다.

하나님은 우리의 아버지이시다. 그분은 많은 아들과 딸을 둔 아버지이다. 중보자인 당신은 다른 형제들과 연합하여 혹은 조화를 이루어 기도할 필요가 있다. 우리가 그리스도의 몸(교회) 안에서 다른 사람들과 다툰다면 우리의 기도는 효과적이지 못하고 원수에게도 일격을 가하지 못할 것이다. 어려운 영적 문제를 다루기 전, 먼저 다른 중보기도자들과 한목소리로 기도하기를 배우라(마 18:19, 20 ; 행 2:1).

예수님은 제자들을 둘씩 짝지어 보내셨다. 예수님은 그들에게 귀신을 쫓아내고 어둠의 왕국을 강탈할 능력과 권위를 주어서 보내셨다. 일치된 기도 안에서 다른 사람들과 연합하는 것은 영적 전쟁에서 필수적인 무기이다. 혼자일 때는 마귀의 손쉬운 목표물이 된다. 독립적이고 반항적인 정신으로는 적과 마주했을 때 힘을 쓸 수 없다. 다른 사람들과 일치되어 기도할 때 우리는 적의 속임수와 공격에서 보호받을 수 있다.

아버지의 이름이 거룩히 여김을 받으시오며

"아버지 이름의 영광이 우리 삶이 돌아가는 중심이 되게 하소서."

우리는 그분의 이름을 찬양하고 경배해야 한다! 우리가 행하는 모든 일은 그분에게 중심이 있어야 하며, 특히 기도는 더욱 그러하다. 그분의 이름과 이름들은 그분의 흠 없는 성품을 반영한다. 하나님의 이름을 인식할 때 우리는 그분의 덕과 아름다움을 인식하게 되어 그분을 예배하게 된다.

우리는 너무나 자주 우리 자신에 초점을 두고 기도하고, 하나님이 아닌 자신을 묵상한다. 이제는 예수님의 이름을 묵상할 때이다. 주님의 이름이 하나님과 그분의 영광을 반영하기에, 기도에서 그분의 아름다움을 이야기하는 것은 기쁨이 아닐 수 없다. 하나님의 모든 이름은 그분이 우리 안에 계시겠다는 약속을 드러낸다. 그분의 많은 이름 중에서 하나를 가지고 묵상하라. 예배는 하나님 아버지의 이름을 찬양하는 진정한 방법이다.

아버지의 나라가 임하시오며

"아버지의 나라가 선명히 드러나게 하시며"

중보기도 하는 하나님의 백성들은 "오소서, 하나님의 나라여"라고 부르짖는다. 모든 것을 내려놓고 하나님의 나라에 대하여 "예"라고 답하려는 자발적인 정신은 변화에 대해서도 "예"라고 답할 것이다. 우리는 우리의 왕이신 예수님의 주 되심 아래에 있기를 간절히 원한다.

우리는 그의 나라가 오기를 기도할 뿐만 아니라, 우리 안에 계시며 또한 온 세상에 있는 그분 나라의 통치를 새롭게 받아들이면서 우리 마음이 하나님의 형상에 부합되기를 기도한다. 우리는 우리의 왕 되신 이에게 이렇게 말씀드린다.

"저와 저를 둘러싼 이 모든 것들을 다스리소서. 저는 당신의 통치를 받아들이며 당신께 순종하겠습니다."

우리가 합심기도로 모일 때 그분의 나라가 우리 마음에, 가정에, 교회에 그리고 이 땅의 나라들에 오기를 기도하자. "아버지의 나라가 오게 하시며"라고 기도할 때 우리가 한목소리로 외치기를!

아버지의 뜻이 이루어지이다

"아버지의 모든 뜻이 (이 땅에서도) 이루어지게 하소서."

하나님의 뜻을 행하고 그분의 목적이 우리 안에서 이루어지는 것을 보는 것이 우리 마음의 갈망이다. 자신의 필요를 기도하고 "주의 뜻하신 바가 이루어지이다! 내 가정과 내 교회 그리고 내 일터에서 이루어지게 하소서"라고 말하는 것이 중요하다.

당신과 당신이 마주하는 모든 영적 원수 위에 하나님의 뜻이 주장되도록 하나님의 권리를 선포하라. 그것은 우리 안에서 그분이 바라시는 모든 일을 행하시는 하나님의 주권적 권능을 선포하는 것이다. 우리는 죄짓고 낙담하고 두려워하기 위해서가 아니라 그분의 기쁨이 되기 위해 창조되었다.

또한 이 기도는 하나님께서 당신이 싸우는 전투에서 승리하실 것이며, 모든 상황에서 승리를 유지하도록 그분의 지혜를 내어주신다는 예언이기도 하다. "아버지의 모든 뜻이 이루어지이다"라는 말에서 권위를 취하며, 기도 안에서 그 말을 할 때 어떤 일이 발생하는지 지켜보라.

땅에서도

당신은 하나님께서 하늘에서 소유하신 것은 무엇이든 그것이 땅에서도 이루어지도록 간구할 수 있다. 거룩함, 평화, 승리, 기쁨, 예배, 신의 계시, 능력, 영광, 자유, 화평 등 이 모든 미덕이 지금 이 순간에도 천국을 가득 채우고 있다. 중보기도는 천국을 땅으로 내려오도록 끌어당긴다.

기도의 전사들은 거절의 응답을 받아들이지 않는 맹렬한 전사와 같이 천국의 요새로 진격할 것이다. 우리는 하나님께 거룩한 손을 들고 하늘의 영광이 이 땅에도 내려오기를 간구하며 주님의 언덕을 올라갈 것이다!

하나님께 요청하지 않으면 하나님 안에서 결코 경험하지 못할 일들이 있다. 당신은 땅의 먼지로 만들어졌으니 천국이 당신의 땅을 만지도록 기도하기 시작하라! 이것은 그리스도 안에서 당신이 받은 유업이며, 기도로 청구해야 할 것이다. 교회가 중보기도로 모여 기도하고 요청할 때 천국은 그 천국을 땅 위에 이루어지게 한다.

교회의 표준을 하늘에 맞추어야지 세상 문화에 맞추어서는 안 된다. 우리에게는 인간의 방법이 아니라 그보다 높으신 하나님의 방법이 필요하다. 하늘의 뜻이 땅에서 이루어지기까지는 우리도 기도를 그칠 수 없지만 하나님도 쉬시게 할 수 없다. 우리는 교회 안에서 하늘의 예배, 하늘의 평화, 하늘의 능력을 원한다. 하나님의 보좌 앞에서 "하늘에서와 같이 땅에서도" 이루어지기를 하나님께 간구하는 중보기도가 밤낮없이 이어지기를!

오늘 우리에게 일용할 양식을 주시옵고

"아버지는 매일 우리에게 필요한 모든 것을 공급해주는 분이십니다."

하나님은 날마다 우리에게 필요한 모든 것을 공급하신다. 이것은 그리스도 안에서 우리에게 주신 약속이다. 우리는 우리에게 필요한 영적 하늘 양식과 물질적인 양식이 공급되도록 날마다 기도해야 한다. 이것이 하나님의 약속이 이루어지도록 규칙적으로 부르짖게 만드는 기도의 동기가 된다.

주님의 약속들을 받고 그분이 당신에게 하신 모든 말씀에 "아멘"이라고 말하라. 우리가 그 약속들을 기도 안에서 요청하고 언급할 때 그것들은 모두 충족될 것이다.

하나님은 물질적인 양식도 주시지만 하나님 안에서 우리의 삶을 자라게 하는 영적 양식도 주시는데 거기에는 계시에 대한 새로운 깨달음, 치유(자녀들의 빵. 마 15:22-28을 보라), 사역을 위한 능력, 재능과 기름부음과 같은 것들이 있다. 이것들은 모두 날마다 당신의 기도와 합심 중보기도를 통해 아버지께 요청하고 받기를 기대할 수 있는 것들이다.

◆ 오 늘 의 기 도 ◆
Today's Prayer

하늘에 계신 우리 아버지여, 주의 이름의 영광이 우리 삶의 중심이 되게 하소서. 아버지의 나라가 선명히 드러나게 하시며, 아버지의 모든 뜻이 하늘에서 이루어진 것과 같이 땅에서도 이루어지게 하소서. 주님은 날마다 제게 필요한 모든 것을 공급해주시는 분이십니다. 사랑합니다, 아버지 하나님. 아멘.

11

주의 기도(2)

우리 죄도 사하여주시옵고

누가복음 11장 4절

우리는 용서의 길을 걸어가면서 하나님을 위해 사는 것을 배운다, 어린양의 피로 거룩해졌으나, '상황적 조건'이 우리의 '입장'과 항상 일치하는 것은 아니다. 우리가 하나님 앞에서 일상의 삶을 살 때 우리가 닮아야 할 순전하고 거룩하신 예수 그리스도의 삶에 맞추어 살기 위해서는 그것에 걸맞은 고백이 필요하다. 그리스도께서 우리의 의로움이 되시기 때문이다.

베드로는 마지막 만찬에서 예수님에게 온몸을 다 씻어달라고 요구했고, 그런 그에게 예수님은 발만 씻어도 충분하다고 말씀하셨다. 그것은 우리도 마찬가지이다. 우리가 아버지 하나님 앞에서 살며 이 세상을 살아나갈 때, 온몸을 다 씻을 필요는 없지만 발은 다시 씻어야 하며, 우리의 걸음은 부르심에 합당해야 한다.

자신을 상처 입히고 공격한 사람들을 용서하지 않으려고 하면 우리 마음은 왕의 알현실에서 멀어진다. 왕의 알현실로 나아가는 것은 깨끗해지려 가는 것이며, 깨끗한 마음으로 다가가는 것이다. 인간이기에 상처를 입는다. 다른 사람의 말과 행동에서 상처를 받는 것 자체가 잘못된 것은 아니다. 이런 미묘하고 합당한 감정을 가진 인간 됨에 대해서는 회개할 수 없다.

그러나 상한 감정과 깨어진 마음은 기도 중에 하나님과의 만남에 방해가 될 수 있다. 우리 모두에게 용서가 필요하며, 우리는 모두 서로 용서해야만 한다. 예수님이 본을 보여주신 주기도문은 잘못한 이들에 대한 용서를 포함한다.

하늘에서는 용서하지 않음이 없기에 우리는 내 주변이 아니라 위를 보고 인간관계의 모델을 삼아야 할 것이다. 이것은 성전에 들어가기 전에 물두멍으로 가는 제사장과 같다. 우리 역시 깨끗한 손과 정결한 마음으로 하나님의 임재로 들어가야 한다. 우리는 이미 그리스도의 피로 정결해졌지만, 사람들과 어울려 살기에 날마다 그 정결함을 새롭게 유지해야 한다. 용서를 받아 깨끗해진 후에 천국으로 나아가고 하나님의 마음에 더 가까이 갈 수 있다.

그러면 우리는 어떻게 용서할 수 있는가?

1. 고통을 인정하라. 상처를 깊은 곳으로 밀어 넣거나 별것 아닌 것처럼 무시하지 말라. 당신이 누군가에게 상처 입었음을 인정하는 것이 용서와 자유의 시작이다.

2. 혼란스러운 감정을 이해하며 풀어내라. 자기 생각을 정리하고, 그런 공격에 당신의 책임이 조금이라도 있지는 않은지 생각해보라.

3. 거룩한 경계를 세우라. 감정이 흐트러지거나 정신이 트라우마를 겪을 때는 경계를 세워서 그런 감정에 휩쓸리지 않도록 조심스럽게 방어하라. 이 작업은 당신 자신의 영혼을 지키는 것이다.

4. 고통을 통찰력으로 발전시키라. 무슨 일이 일어난 것인지 생각해보고, 하나님께서 그 일을 통해 당신에게 보여주려고 택하신 교훈은 무엇이든 가르쳐달라고 요청하라. 그러한 작업이 용서를 확장하는 지점까지 당신을 끌어갈 것이다. 요셉은 감옥에서 풀려나기 위해 용서해야 했다. 그는 자기를 잊어버리고, 깎아내리고, 크게 상처 입힌 사람들을 용서했다.

5. 사건 자체를 잊겠다고 선택하라. 화를 내도 마땅하다고 생각되는 당신의 화낼 권리를 포기하라. 이것이 진정한 용서가 된다. 용서의 주인이신 우리 주 예수님은 더 고상한 차원을 보여주신다. 기도는 우리가 용서하기를 요구한다. 유리 바다 위에서 예수님과 함께 기도하기 위해서 우리는 모든 죄를 용서할 필요가 있다.

우리가 우리에게 죄지은 자를 사하여준 것같이

"우리가 우리에게 잘못한 사람들을 용서하여준 것같이"

용서받기 원하는 만큼 용서하라. 이것이 주기도문이 주는 교훈이다. 마음에서 용서하지 못하는 것만큼 심각한 것은 없으며, 그것은 우리의 기도가 위선이 되게 한다. 우리는 자신에게 상처 입힌 모든 사람을 용서하는 은혜에까지 들어가야 한다.

상처받지 않겠다고 세상 앞에서 먼저 결단을 해야 한다. 다른 사람의 행동에 기분 상하지 않겠으며 부당한 대우를 받을 때마다 진정으로 용서하겠다는 결심이 있어야 한다. 이것은 마음에 거룩한 보호막을 치는 것이다. 용서의 태도는 죄-공격으로 이어지는 악의 순환을 깨뜨린다. 잘못한 사람들을 용서할 때 저주는 산산조각 나고, 견고한 악의 요새는 무너진다.

우리를 시험에 들게 하지 마시옵고

"고난과 시련을 겪을 때마다 우리를 구해주소서."

이것은 죄를 이기고 인생의 덫에서 벗어날 능력을 구하는 기도이다. 기도하면 피할 수 있는 유혹들이 있다. 중보기도는 당신의 영혼 주변에 방어벽을 세운다. 그것은 기도로 하나님의 갑옷을 입고 각 무기를 드는 것이다. 기도의 옷은 영혼에 하나님의 갑옷을 입히는 것이며 우리를 유혹에서 구원한다.

이 구절은 우리가 기도했다면 인생에서 겪지 않아도 되었을 시험과 유혹이 얼마나 많았을지 궁금하게 한다. 모든 믿는 자들이 은혜 안에서 걷지만, 중보기도 할 때만 얻을 수 있는 '구원의 은혜'도 있다.

이 구절을 우리의 인격이 감당할 수 있는 정도를 넘어서까지 우리를 높이지 마시라고 하나님께 드리는 요청으로 보라. 하나님께서 특별한 호의와 분에 넘치는 축복을 우리에게 내려주실 때, 우리는 종종 자만의 유혹에 빠져서 그 영광이 마치 내게 합당한 것인 양 믿기도 한다.

이 기도는 우리가 겸손하여 하나님의 손안에서 쓰일만한 사람으로 남아 있게 되는 은혜를 넘어 높아지지 않도록 지켜준다. 그렇게 높아질 만한 재능과 책임감이 있다 할지라도 성품은 아직 성숙하고 안정적이지 않을 수도 있기 때문이다.

이 기도는 우리가 하나로 모일 때 더 강해진다. 교회는 합심 중보기도를 통해 교회의 건강함과 미래가 지켜질 것이라는 확신을 품고 기도할 수 있다. 세계의 긴장과 압박이 모든 면에서 넘치는 이 어려운 시대에 교회가 함께 모여서 하나님 아버지께 "우리가 고난과 시련을 만날 때마다 우리를 구해주소서"라는 기도를 드리는 것은 정말로 중요하다.

다만 악에서 구하시옵소서

"그리고 우리를 악에서 벗어나게 하소서."

중보기도가 사단의 전략을 무력화시키는 것은 분명하다. 이 땅을 활보하는 악으로부터 진정한 구원을 받기 위해서는 오직 다른 사람들과 함께 중보기도를 해야 한다. '우리'라는 사소한 단어가 주기도문에서 계속 반복되는 것은 그 기도가 연합된 중보기도임을 보여준다. 일관되고 정기적인 기도회 하는 것을 무시하는 교회는 악한 원수에게 '두들겨 맞을' 것을 예상할 수 있다. 기도는 적의 간계에서 우리를 안전하게 한다.

'악'이라는 단어는 죄의 저주가 지상에 불러들인 모든 것을 말한다. '악'이라는 의미의 헬라어 '포네로스'(poneros)는 고통을 뜻하는 어근에서 파생된 단어이다. 예수님은 우리를 위한 십자가의 구원 사역을 통해 죄, 병, 고통, 가난(evil은 헬라어 'penes'에서 나왔고 그 의미는 가난, 즉 poor이다)이라는 악의 힘을 무너뜨리셨다.

시편 91편은 이런 종류의 기도를 배우는 데 도움이 된다. 이 시편 말씀을 자기 교회와 가정의 기도 제목으로 삼으면 좋겠다. 한 몸이 되어 함께 기도하면 교회를 보호하는 울타리를 더 늘릴 수 있다. 혼자서 사단의 모든 계략을 탐지할 수 있을 만큼 분별력이 뛰어나거나 지혜로운 사람은 없다. 우리는 서로에 기대어 함께 합심기도로 들어가야 한다. 목회자나 예언자라 해도 혼자로는 충분치 못하다. 우리는 모두 하나가 되어 하나님의 사랑이 '우리를 악에서 구하시기를' 한목소리로 간구해야 한다.

나라와 권세와 영광이 아버지께 영원히 있사옵나이다. 아멘!

> "아버지는 권능과 영광으로 영원히 다스리는 왕이시기 때문입니다. 아멘."

기도는 권능과 영광이 영원히 하나님께만 속하였음을 언제나 인정한다. 권능과 영광은 하나님의 소유이며, 하나님께서 주시는 것이다. 그것들이 하나님께 속하였음을 인정할 때 하나님은 그것들을 우리에게 내어주신다. 우리가 찬양으로 그것을 선언할 때 천국이 땅으로 흘러든다. 그 권능과 영광이 마치 우리에게 속했거나 우리에게서 비롯된 것처럼 행동할 때는 빈손만 남겨진다. 주권자에게 고개를 숙일 때 우리는 부요하게 된다.

주기도문은 중보기도를 위한 것이다. 우리는 각 나라가 구원의 계시를 받기를 간구할 수 있다. 우리의 유업은 이웃에만 한정된 것이 아니라 열방의 회심이다(시 2:8 ; 사 55:5). 바울과 베드로 둘 다 모든 사람이 구원을 알기를 기도했다(딤전 2:1-8 ; 벧후 3:8,9).

상상조차 할 수 없는 일들도 믿을 수 있다. 그러면 더 나아갈 수 있다! 당신의 믿음은 확장되어야 한다. 성령의 기도는 당신이 상상하는 것보다 훨씬 더 멀리 나아갈 것이다(엡 3:18-21). 당신의 기도는 당신의 생각과 이해를 넘어서야 한다. 미래는 그 미래가 존재할 수 있다고 믿는 중보기도자들에게 속한 것이다. 하나님의 뜻이 땅에서 이루어지는 기도를 통해 미래가 새롭게 바뀌어 나타날 수 있다.

우리가 절박하게 기도하고 열정적으로 기도하고 깊이 집중하여 기도할 때, 주님은 우리의 부르짖음에 응답하시고 교회는 땅에 임한 하나님 은혜의 보좌가 될 것이다! 우리는 기도에 대해 크신 응답을 기대할 수 있다.

지금은 지구라는 행성에 운명의 시간이다. 성경은 속히 성취될 것이다. 이 세대가 하나님의 얼굴을 구하는 세대가 되기를! 우리는 천사도 갖지 못한 특권을 받았다. 하늘의 천사들이 기도한다는 기록은 없다. 지금은 우리가 구하고 찾고 문을 두드릴 때이다!

오 늘 의 기 도
Today's Prayer

하늘에 계신 아버지여, 주님 이름의 영광이 우리 삶의 중심 되소서, 주의 성령이 우리에게 오셔서 우리를 정결케 하시기를 구합니다. 주님의 나라가 이 땅에 드러나게 하소서. 다가올 날에 우리에게 필요한 양식을 주소서. 우리가 우리에게 잘못한 자를 용서하여준 것같이 우리의 죄를 용서하소서. 우리가 시련과 고난을 당할 때마다 우리를 구하여주소서. 아멘.

THRONE ROOM PRAYER

영적 전쟁의
지휘본부 및
보급기지

12

기도의 전사

모든 것 위에 믿음의 방패를 가지고
이로써 능히 악한 자의 모든 불화살을 소멸하고
구원의 투구와 성령의 검 곧 하나님의 말씀을 가지라
모든 기도와 간구를 하되 항상 성령 안에서 기도하고
이를 위하여 깨어 구하기를 항상 힘쓰며
여러 성도를 위하여 구하라

에베소서 6장 16-18절

기도의 전사들은 이 땅에서 가장 힘 있게 세상을 변화시키는 존재이다. 그들은 자신이 누구인지 안다. 그들은 하나님의 자녀이며, 그 정체성에 맞게 행동한다! 그들은 하나님 안에서 믿음을 통해 미래를 창조하기에 바빠서 미래를 궁금해하지 않는다.

바울은 이렇게 썼다.

그의 힘의 위력으로 역사하심을 따라 믿는 우리에게 베푸신 능력의 지극히 크심이 어떠한 것을 너희로 알게 하시기를 구하노라 그의 능력이 그리스도 안에서 역사하사 죽은 자들 가운데서 다시 살리시고 하늘에서 자기의 오른편에 앉히사 엡 1:19,20

당신이 그리스도인이라면 당신의 인생에는 위대함 이상의 능력이 함께한다! 그것은 "베푸신 능력의 지극히 크심"이다. 인간의 능력이 아니라 하나님의 능력의 지극히 크심이요, 그의 힘의 위력이다. 생각해보라. 전능하신 하나님의 지극히 크신 능력이 당신의 기도 생활에 주어졌다! 하나님의 힘의 위력은 부활의 능력이다.

부활은 무엇을 의미하는가? 그것은 죽은 듯 보이고 사망의 냄새를 풍기며 죽었던 것들이 하나님의 손길을 받아 생명이 살아나는 것을 의미한다! 이것은 하나님이 죽은 자 가운데서 그리스도를 살리셔서 천국에서 가장 높은 영예와 최고 권위의 자리로 높이 올리실 때 발휘된 위력이다(엡 1:20).

바로 지금, 당신은 죽은 것들에게 영생으로 나아오라고 말할 수 있는 부활의 능력을 기도에 더하였다! 우리 안에 있는 능력의 잠재력은 하나님이 무덤에서 예수님을 부활시키실 때 드러내신 것과 같은 능력이다. 우리의 사명은 죽은 상황에 부활의 생명을 가져다주는 것이다.

마귀가 당신의 기도에 도전한다면, 당신은 그리스도와 함께 앉아 있다는 것과 예수님은 "모든 통치와 권세와 능력과 주권과 이 세상뿐 아니라 오는 세상에 일컫는 모든 이름 위에 뛰어나게"(엡 1:21) 되셨음을 마귀에게 상기시켜라.

그리스도의 권세는 최종적이다. 하나님 아버지는 "만물을 그의 발아래에 복종하게 하"셨을 뿐만 아니라 "그를 만물 위에 교회의 머리로 삼으셨"기 때문이다(엡 1:22). 그리고 이제 우리, 즉 교회는 "그의 몸이니 만물 안에서 만물을 충만하게 하시는 이의 충만함"이다 (엡 1:23)!

우리의 역할에 대해 가장 깊이 이해한 내용은 다음과 같다. 그리스도께서 성취하신 것을 우리는 이 땅에서 수행한다. 하나님은 교회를 땅의 혹독한 현실과 하늘의 놀라운 해결 사이의 살아있는 다리로 자리매김하셨다! 우리가 진정으로, 열정적이고 정확하게 그리스도께 기도로 복종할 때 하나님의 나라는 꾸준히 우리의 세계로 들어온다. 물론 그 열쇠는 그리스도의 말씀을 아는 것이다. 우리에게는 하나님의 말씀이라는 권위가 있다! 그 계시를 받고 말씀을 가지고 인내로 기도할 때, 우리는 하나님의 뜻이 여기 이 땅에 이루어지는 미래를 볼 것이다!

예수님은 누가복음 18장 1-8절에서 절대 기도를 멈추지 말고 소망을 잃지 말라고 비유로 가르치셨다. 즉, 기도하지 않으면 낙심할 것이다. 우리가 기도하는 대부분의 것들을 위해서, 우리는 응답을 받을 때까지 끝까지 인내하며 기도해야 한다.

기도는 우리가 마주하는 삶의 각 전투에 임할 때 하나님의 능력에 단단히 기반을 두게 한다. 회심했다는 사실만으로 그 일이 이루어짐을 우리는 안다. 우리가 구원받은 것은 누군가가 우리를 위해 전투를 치렀기 때문이다! 우리가 회심하는 기적이 있었기에, 다른 사람을 변화시키는 데에도 하나님의 도우심이 있을 것이라는 확신을 얻을 수 있다.

예수님은 "사람으로는 할 수 없으나 하나님으로서는 다 하실 수 있느니라"(마 19:26)라고 말씀하셨다. 그 말씀 아래 우리는 하나님을 믿고 기도한다. 성령님은 중보기도를 위해 계신다. 우리가 할 일은 성령님에게 마음을 열어 그분이 모든 것을 이기는 믿음으로 우리를 채워주시도록 하는 것뿐이다. 그러면 우리는 불가능이 가능으로 바뀌는 것을 보게 될 것이다!

바로 지금 이 세상에 일어나는 끔찍한 문제들을 보라. 하나님은 우리가 보는 그 모든 필요에 대해서 그 상황에 대한 해결을 보게 해 달라고 기도하기를 원하신다. 하나님은 무엇이 잘못되었는지 우리에게 보여주셔서 그것들이 바로잡히게 기도할 수 있도록 하신다.

기도로 바꿀 수 있는데 왜 그 잘못을 비난하느라 에너지를 낭비하는가? 우리 가운데 계시는 주 하나님은 전능하시다. 하나님의 말씀과 믿음의 기도는 전쟁을 위한 우리의 무기이며, 이 무기들은 견고한 요새를 무너뜨릴 만큼 강력하다. 당신이 기도할 자격이 없고 무력하다는 생각을 멈추라. 그것은 마귀의 거짓말이다. 당신은 위대한 기도를 하기로 예정되어 있다!

우리의 약함으로 강하게 하시며

우리가 육신으로 행하나 육신에 따라 싸우지 아니하노니 우리의 싸우는 무기는 육신에 속한 것이 아니요 오직 어떤 견고한 진도 무너뜨리는 하나님의 능력이라 모든 이론을 무너뜨리며 하나님 아는 것을 대적하여 높아진 것을 다 무너뜨리고 모든 생각을 사로잡아 그리스도에게 복종하게 하니 고후 10:3-5

하나님 안에서 경건하게 삶으로써 하늘을 감동시키지 않고 하늘을 움직이려는 사람들이 많다. 그러나 하나님은 전사(戰士)뿐만이 아니라 친밀한 연인을 찾고 계신다. 하나님과 친밀해지는 경건 생활과 아버지의 마음을 날마다 구하는 삶은 당신의 기도가 효과 있고 잠재력이 있게 하는 데 필수적이다. 이것을 잊는다면 우리의 모든 약점을 자신에게 유리하게 취하려 하는 원수가 있다는 사실을 잊는 것이다.

여호사밧의 전략은 연약함 가운데 예배하는 것이었다(대하 20:21). 우리는 약할 때 강하다(고후 12:7-10). 전쟁을 치르는 진정한 힘은 우리가 받은 재능이나 경험도 아니고 똑똑함도 아니다. 우리 안에 살아계신 위대한 왕이신 하나님이다! 거룩하신 하나님을 경배함으로 우리는 모든 전투에서 보호받을 것이다.

우리 믿는 자들이 자신의 연약함을 제대로 인식하지 않는다면, 우리는 속게 될 것이다. 우리의 약점은 적의 목표물이 되고, 강점은 자기 능력에 대한 자부심으로 길을 잃게 하기도 한다. 악한 영의 통제와 영향력에서 벗어났다고 생각할 때 치명적인 실수를 저지른다.

"신령한"(갈 6:1) 하나님의 자녀는 초자연적인 세계의 영향을 받는다. 바울이 우리에게 무기에 대해 알려주기 전에 먼저 "주 안에서와 그 힘의 능력으로 강건"(엡 3:16, 6:10)하라고 말한 것이 그 때문이다. 무기가 우리의 힘이라고 생각한다면 반드시 패할 것이다. 우리 안에 살아계신 하나님의 위대한 능력이 결국에는 기도의 전투에서 승리한다.

예수님은 제자들에게 모든 귀신을 몰아내며 병을 고치는 능력과 권위를 주시고(눅 9:1-3), "여행을 위하여 아무것도 가지지 말라 지팡이나 배낭이나 양식이나 돈이나 두 벌 옷을 가지지 말며"(눅 9:3) 라고 하신 후 보내신다.

왜 아무것도 가지지 말라고 하셨을까? 필요한 모든 것을 이미 그들에게 주셨기 때문이다! 예수님의 능력과 권세가 우리의 능력이며, 다른 어떤 것도 우리의 힘이 되어서는 안 된다.

기도 여정은 은혜만으로 충분하다. 하나님 외에 아무것도 필요 없다는 깨달음만 있으면 된다. 우리가 아무것도 아닌 자임에 만족할 때 하나님은 기도 안에서 우리를 통해 말씀하실 수 있고 또 그렇게 하실 것이다(롬 8:26). 그것은 우리에게 무언가가 없다는 사실이 아니라, 은혜 안에 우리가 가진 것으로도 우리가 유지되기에 충분하다는 사실을 깨닫는 것이다.

은혜가 우리를 강하게 할 때 열정은 우리를 신실하게 한다. 열정적이라는 것은 그리스도를 우리가 처한 환경으로 모셔오는 사명에 눈뜬 것이다. 나는 모든 믿는 이들이 열정적이어야 하며 그렇지 않으면 수동성에 빠질 것이라고 믿는다. 수동적인 정신으로 사는 것보다 더 적에게 근거지를 만들어주는 것은 없다! 언제나 자신이 어떤 권세를 가졌는지 기억하고 절대 뒤로 물러서지 말라!

당신이 기도할 때는 천상에서 왕의 알현실에 앉아 있다는 것을 기억하라. 그것을 다른 말로 하면 P.U.S.H가 되는데, "일이 이루어질 때까지 기도하라!"(Pray Until Something Happens!)라는 뜻이다. 당신 안에 위대한 분이 계신다!

적에 대항하지 않을 때 일어나는 일을 가리키는 단어가 있는데 그것은 바로 '우울'(depression)이다! 당신의 근육은 오직 적에 대항하여 그것을 물리칠 때 더 강해질 것이다. 당신은 더 이상 우울해하지 않을 것이다. 당신의 기도가 하나님의 손에 들린 무기라는 것을 알면, 더욱 기도에 힘을 얻게 될 것이다(시 18:32-45).

돌파를 위한 영역을 준비하라

예수님은 복음을 전파하고 병든 자를 치유하며 마귀를 쫓아내기 위해 70명(NIV에는 72명으로 되어 있다)의 제자들을 보내셨다. 그 제자들을 통해 기적을 일으키는 능력이 흘러나왔으며, 하늘의 견고한 요새를 땅으로 끌어내려 그리스도를 위한 길을 열었다!

> 그 후에 주께서 따로 칠십 인을 세우사 친히 가시려는 각 동네와 각 지역으로 둘씩 앞서 보내시며 이르시되 추수할 것은 많되 일꾼이 적으니 그러므로 추수하는 주인에게 청하여 추수할 일꾼들을 보내 주소서 하라 눅 10:1,2

예수님은 기적의 사역을 행하러 가시려는 바로 그곳으로 제자들을 먼저 보내셨다. 그 70명을 보내신 것은 단지 설교자를 보낸 것이 아니라, 마귀의 영향력 아래에 있던 지역에 기름 부어 전략적으로 접수하기 위한 것이었다. 예수님이 몸소 나타나시기 전에 제자들이 예수님보다 먼저 가서 준비하는 전략이었다.

유명한 부흥사 찰스 피니(Charles Finney)도 같은 전략을 사용했다. 그는 언제나 다니엘 내쉬(Daniel Nash)를 먼저 보냈다. 내쉬는 두세 명을 한 팀으로 짜서 마음을 합하게 하고, 보좌기도로 각 지역에 하늘나라가 오게 했다. 그들이 그 길을 먼저 닦은 후 피니는 가서 복음을 전하고 많은 영혼을 추수하였다. 그것은 예수님이 하신 것과 같은 방식이었다.

70명은 마치 "길을 여는 자"(미 2:13)와도 같았다. 그들이 먼저 길을 열었고 예수님은 뒤에 오셔서 적의 진지를 완전히 쓸어버리셨다. 물론 그분의 기도 동역자인 제자들과 함께 일하셨지만, 진정 길을 여는 자는 예수님이셨다!

파송될 때 제자들은 추수할 '일꾼들'을 보내주시도록 중보하는 임무를 받았다. 예수님은 그들에게 전략의 한 예를 주셨는데, 그 전략은 사도적 사역이 일어나는 지역에서 대규모의 영적 협공으로 반복해서 일어날 수 있었다. 그 '일꾼들'이 칠십 인과 같이 전투 대형으로 배치될 수 있을까? 이것이 한 지역에 전략적으로 파송된 '일꾼들'의 힘을 보여주는 예이다. 그들은 왕의 알현실에서 시간을 보내고, 그 지역을 사로잡은 권세의 네크워크를 깨부수도록 기름부음 받은 자들, 바로 주의 길을 예비하고 추수하도록 기름부음을 받고 파송된 자들이 될 것이다!

천국에는 교회가 채워야 할 기도의 금 대접이 있다.

그 두루마리를 취하시매 네 생물과 이십사 장로들이 그 어린 양 앞에 엎드려 각각 거문고와 향이 가득한 금 대접을 가졌으니 이 향은 성도의 기도들이라 계 5:8

또 다른 천사가 와서 제단 곁에 서서 금 향로를 가지고 많은 향을 받았으니 이는 모든 성도의 기도와 합하여 보좌 앞 금 제단에 드리고자 함이라 향연이 성도의 기도와 함께 천사의 손으로부터 하나님 앞으로 올라가는지라 계 8:3,4

성도들이 모여 중보할 때마다 중보기도의 금 대접이 채워지기 시작한다. 이 대접이 넘쳐서 쏟아질 때 부흥의 능력이 흐르기 시작한다. 하나님은 대접이 가득 찰 때까지 기다리셨다가 그것을 손에 들고 쏟아부어 주신다. 모든 교회에는 채워야 할 대접이 있다. 당신은 중보의 대접을 열심히 채우고 있는가? 당신의 기도는 예수님에게 향기로운 냄새이다. 그 향기를 예수님이 맡으시게 하라!

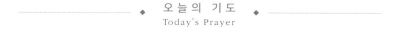

◆ 오 늘 의 기 도 ◆
Today's Prayer

주 예수님, 기도하며 주님과 시간을 함께하니 기쁩니다. 제 능력은 주님 안에 있습니다. 오늘 저는 하나님의 전신갑주를 취하여 제 마음과 영에 입힙니다. 주님의 영광으로 옷 입었으니 두려움 없이 적과 맞서겠습니다. 오늘 저는 주님의 기도 전사가 되어 하나님의 이름으로 모든 전투에서 승리할 것입니다. 아멘.

13

왕의 알현실에서 얻는 무기(1)

진리의 말씀과 하나님의 능력으로
의의 무기를 좌우에 가지고

고린도후서 6장 7절

다른 사람을 위해 믿음의 기도로 하나님께 나아갈 때 어둠의 세력을 만날 때가 있을 것이다. 그러나 왕의 알현실에는 강력한 무기들이 있고 당신은 그 무기를 원하는 대로 사용할 수 있다. 당신의 사명은 어둠의 요새를 발견할 때마다 그것을 무너뜨리는 것이다. 또한, 그렇게 할 때 당신은 다른 사람들이 풀려나서 그들의 사명을 성취하도록 할 것이다. 당신은 하늘의 영역에 있으며, 예수님이 당신 안에 계시므로 마귀는 당신의 맞수가 되지 못한다!

　당신의 무기들은 다 갖추어졌다. 하나님께서 전쟁에 필요한 모든 무기와 중보의 권세를 당신에게 주셨으므로 당신이 할 일은 용기를 내어 그 무기들을 적절히 사용하는 것이다. 하나님의 말씀인 성경이 당신의 승리를 보장한다! 거룩한 신자들은 적의 거짓말을 깨부수기 위해 말씀을 어떻게 사용하는지, 어떻게 성령님의 음성을 듣는지를 안다. 적의 심장에 공포를 불러일으키는 분은 바로 당신 안에 살아계신 전능하신 예수님이시기 때문이다. 우리는 하늘의 무기를 들고 다음과 같은 '세상의 무기'들을 폐기한다.

인간적인 논리	나 자신의 생각
내 욕망을 이루려는 기도	남에게 내 뜻이나 주장을 강요함
조종	거절에 대한 사람들의 두려움을 이용함
기만	자신의 목적을 위해 진리를 왜곡함
통제	다른 사람들을 나에게 감정적으로 묶어 놓음

우리에게 주어진 무기는 영적인 것이며, 적의 요새를 무너뜨릴 힘이 있다! 우리는 예언적 기도와 선포로 강고한 요새를 폭파하고, 함성을 외치며 승리를 명하고 선언할 수 있다. 이스라엘 백성들이 출애굽할 때 주님의 천사가 그들을 앞서갔던 것처럼(출 23:20-23), 우리 앞에 천사와 같은 존재가 있다. 우리가 하나님의 뜻에 맞춰 기도할 때 적은 속수무책일 것이다. 우리의 드높은 찬양은 하나님의 불도저가 되어 교회를 막아선 벽을 허물 것이다. 그것들이 바로 왕의 알현실에서 얻게 되는, 보좌기도의 무기이다!

믿음과 순종은 우리의 토대

영적 전쟁의 토대는 믿음과 순종이다. 믿음은 의심과 두려움, 어둠을 깨부수는 데 필수적이다. 믿음이 없이는 하나님을 기쁘시게 할 수 없고 적을 정복할 수도 없다. 예수님의 이름과 그의 피, 그리고 하나님의 말씀이 믿음과 합쳐질 때 우주에서 가장 탁월한 무기를 갖게 된다. 바로 그 하나님의 능력이 당신의 믿음을 통해 흐른다. 그 능력이 당신의 승리요 방패이며 담대함이다(막 11:22-24 ; 요일 5:4 ; 엡 6:16 ; 히 10:22). 적에게 비난받거나 영적 진보를 방해받을 때, 당신의 영혼에서 믿음이 일어나야 한다. 믿음은 진리에 속하고 비난은 거짓에 속한다. 하나님의 진리를 믿고 믿음으로 마귀에 저항하면 적이 달아나는 것을 볼 것이다(벧전 5:9).

믿음과 순종이라는, 매우 닮은 이 한 쌍의 덕이 승리를 받치는 두 기둥이다. 이들은 긴밀하게 관련되며 함께 일하기에, 각각 하나만으로는 불완전하다. 그 둘은 모든 무기를 활성화한다. 당신의 삶이 바로 어둠의 나라에 대한 믿음과 순종의 선포가 되어야 한다. 그렇지 않으면 그들의 맹렬한 위세 앞에서 후퇴하고 말 것이다!

하나님은 우리가 "진리의 말씀과 하나님의 능력이라는 의의 무기를 좌우에 가지고"(고후 6:7) 있다고 말씀하신다. 하나님의 말씀에 대한 믿음과 그 말씀에 대한 순종은 의의 무기이다.

예수님의 이름은 우리의 권세

예수님의 이름 앞에서는 모든 것이 머리를 숙여야 한다! 이 땅과 하늘, 그리고 지옥에까지 능력을 미치는 것은 오직 그 이름뿐이다! 당신은 마치 예수님이 그분의 모든 권세를 가지고 당신 옆에 서 계신 것처럼 예수님의 이름을 사용할 수 있다(고전 6:17).

왕이신 예수님은 마귀를 다스릴 권세와 능력을 당신에게 주셨으며, 당신은 예수님의 이름으로 하나님 아버지께 승리를 요청할 권리가 있다(눅 10:19). 다음 구절의 말씀은 우리에게 왕의 알현실에서 주어지는 중대한 무기 중 하나를 준다. 바로 예수님의 이름이다.

> 너희가 내 이름으로 무엇을 구하든지 내가 행하리니 이는 아버지로 하여금 아들로 말미암아 영광을 받으시게 하려 함이라 내 이름으로 무엇이든지 내게 구하면 내가 행하리라 요 14:13,14

중보기도를 할 때 영적 전장에서 예수님의 이름을 사용하라! 그 이름이 능력과 선함을 대표한다. 하나님은 그 이름을 인정하여 당신에게 응답하실 것이다. 그리고 마귀도 그 이름을 알아듣기에 두려워 떤다(시 18:45). 적이 공포에 질려 도망치게 하라! 어둠의 성채 위로 예수님의 이름을 떨치라. 사랑하는 자여, 이 무기를 사용하라! 당신이 예수님의 이름을 붙들 때 성령의 능력이 흘러나온다.

이것은 마치 배지를 단 경찰관이 배지 뒤에 있는 권한을 이용하여 자신보다 몇 배나 큰 자동차들을 멈춰 세우는 것과 같다. 마찬가지로, 예수님의 이름이라는 배지를 단 중보기도자들은 사탄의 간계를 막고 하나님의 능력을 드러내며 어둠과 만나는 모든 곳에서 그분의 권위를 풀어낼 수 있다.

전투 현장에서 하나님의 이름을 사용할 때 우리는 그분이 어떠한 분인지 드러내는 계시를 사용하는 것과 같다. 하나님이 어떤 분이신지 알게 되면 내면의 두려움과 우리를 무력하게 하는 의심이 저 멀리 달아난다. 그의 이름 앞에 천사들이 고개를 숙이고, 마귀는 도망하며, 굳어진 마음들이 녹는다. 인류 역사의 정점은 예수 이름의 영광이 베일을 벗는 것이리라! 그의 이름은 위대하며 크게 칭송될 것이다(빌 2:5-10).

그러나 예수님의 이름을 사용하는 데는 다음과 같은 경고가 따라붙는다. 성령 안에서 그 이름을 사용할 권한을 얻기 위해서는 그분과 친밀하고 인격적인 관계가 있어야 한다. 예수님과 사적인 교제가 있어야 어둠을 지배할 능력을 얻게 된다. 예수님의 이름을 '행운의 부적' 정도로 여긴다면 큰 곤경에 빠질 것이다!

예수님의 이름을 사용하는 것만으로는 충분치 않다. 마음에 예수님의 성품을 지녀야만 한다. 당신의 삶이 불순종하거나 악과 타협하고 있다면 하나님의 이름을 헛되이 사용하고 있는 것이다. 능력은 관계에서 온다. 베드로와 요한은 성전 미문에서 다리 저는 사람을 고칠 때 예수님의 이름을 사용했다(행 3:1-8). 그들은 예수님과 함께 지내며 그분의 삶을 흡수한 사람들로 알려져 있었다. 당신의 삶이 예수님의 열매가 될 때 그 이름의 영광이 드러난다.

예수님과 아무런 관계도 없이 그분의 이름을 사용하려 했던 '스게와의 일곱 아들'은 마귀들에게 얻어맞고 상처를 입었다(행 19:11-17). 당신은 몇 번이나 적의 공격을 받고 얻어맞은 적이 있는가? 살아가면서 혹시 적과 타협하고도 아닌 척 예수님의 이름으로 기도한 것은 아닌가? 권위와 능력은 관계에서 흘러나온다. 예수님의 그늘 아래서 우리는 적의 요새를 무너뜨린다. 예수님과 떨어져서는 아무 것도 할 수 없다.

예수님의 보혈은 우리의 보호막

우리는 주의 보혈로 인해 천국에서 가장 높으신 분을 대변자로 두 게 되었다. 우리의 위대한 대제사장은 아버지의 보좌 앞에 그분의 신성한 피를 가져와 우리의 담대함을 사셨다. 그리스도의 보혈이 덮 어주시기 때문에, 기도할 때 우리는 취약하지 않으며 보호받는다.

성경은 예수님의 보혈이라는 주제를 놀랍게 드러낸다. 창세기에 서 요한계시록까지 하나님은 무죄한 이의 피를 사용하여 속죄하 고, 보호하고, 죄를 사하셨다. 죄가 사라지자 능력이 흘렀다! 예수 님의 보혈은 유월절 어린 양의 피와 같이 죽음의 사자를 물리친다 (출 12:22,23). 어둠의 세력은 예수님의 피가 뿌려진 곳에서 그들의 무기들을 빼앗긴다.

예수님의 보혈은 하나님 아버지 앞에서 희생 제물로 드려진 그분 의 생명이다. 생명은 피에 있다. 십자가에서 흘리신 보혈은 예수님 의 무한한 불멸의 생명을 방출한다. 그 생명은 꺾이지 않는다. 하 나님의 피는 어둠의 왕자를 정복한다. 그분의 피는 한 방울로도 죄 의 사슬에서 전 인류를 구속할 충분한 능력이 있었다. 마귀가 그 피 를 어떻게 볼지 상상해보라. 예수님의 보혈이 당신을 위해 행하는 능력을 8가지로 정리해보았다.

1. 예수님의 보혈은 우리를 구원하신다 엡 1:7

2. 그 보혈은 하나님 앞에서 우리를 의롭다 하신다 행 13:38,39

3. 보혈은 우리를 거룩하게 한다 히 10:10,14

4. 보혈은 우리를 하나님과 화목하게 한다 골 1:20

5. 보혈에는 이기는 능력이 있다 눅 10:19 ; 계 12:11

6. 보혈은 우리를 모든 죄에서 깨끗하게 한다 요일 1:7

7. 보혈에는 새 언약의 권세가 있다 히 7:22, 8:13

8. 보혈은 우리를 어둠에서 구원한다 골 1:13,14, 2:15

마귀와의 전쟁 및 중보기도에서 예수님의 보혈을 사용하는 것은 어린양의 완전하심과 일치하겠다는 것이다. 하나님의 어린양에게서 그분의 완벽함, 영광, 생명 그리고 의로우심이 보혈을 타고 내려온다. 이 무기는 절대 실패하지 않을 것이다. 예수님의 보혈을 바르는 것은 적에게 그의 영역이 얼마나 좁은지, 그가 얼마나 실패하였으며 얼마나 약한지를 상기시키는 것이다.

예수님의 보혈은 원수가 당신에게 했던 거짓된 고발을 그에게 행하신다. 그 거짓을 적에게 되돌려주어라! 적에게 그 보혈의 능력을 상기시켜라! 하나님의 귀한 아들의 보혈, 그 능력의 진홍색 파도로 적을 밀쳐내라! 어둠의 세력들과 가장 맹렬한 전투를 치를 때 그 보혈이 당신을 위해 일할 것이다. 보혈의 이기는 능력이 당신의 손에 있으며, 당신은 보혈의 보호막 안에서 안전하다. 예수님이 그 자신의 피보다 우리를 더 사랑하심이 얼마나 감사한지!

주 예수님, 주님과 같은 분은 없으십니다! 저를 관통한 주님의 사랑이 저를 이 아름다운 하나님의 보좌로 데려오셨습니다. 비록 제가 가끔 나약하여 흔들릴지라도 유리 바다 위에 주님과 함께 있으면 모든 것이 변화되는 줄 압니다. 내 주님, 저는 주님에게서 능력을 얻으며 주님을 통해, 그리고 주님의 무한한 사랑을 통해 정복자 그 이상이 됩니다. 나의 왕 되신 주님, 감사합니다. 아멘.

14

왕의 알현실에서 얻는 무기(2)

하나님의 말씀은 살아있고 활력이 있어
좌우에 날선 어떤 검보다도 예리하여
혼과 영과 및 관절과 골수를 찔러 쪼개기까지 하며
또 마음의 생각과 뜻을 판단하나니
지으신 것이 하나도 그 앞에 나타나지 않음이 없고
우리의 결산을 받으실 이의 눈앞에
만물이 벌거벗은 것같이 드러나느니라

히브리서 4장 12,13절

기도 생활에서 하나님의 말씀인 성경의 중요성은 아무리 강조해도 지나침이 없다. 말씀은 우리 믿음의 저장소이며, 적의 요새를 허물고 무너뜨릴 만큼 강력하다. 마귀의 어둠과 전투를 벌이고 있더라도, 하나님의 말씀이 우리 안에 풍성히 거하고 있다면 그 공격을 무력화하기에 충분한 화력을 갖춘 것이다. 하나님의 말씀이 우리 입에서 나올 때, 우리 주변의 영적 영역에 극적인 영향을 미치게 된다.

히브리서 기자는 하나님의 말씀에는 활력이 있어 좌우에 날선 검과 같다고 말한다. 이것을 여러 번역에서는 '양날의 검'이라고 하지만 사실 헬라어로는 '입'을 말한다. 하나님의 말씀은 하나님과 우리의 입, 즉 두 입에서 나오는 칼과 같다! 우리 입은 하나님의 진리로 가득하고, 우리는 그 진리를 분명하게 말한다. 그리고 그 말은 두 입을 가진 검이 된다. 하나님의 말씀으로 가득 차고 성령으로 충만한 것이 얼마나 중요한지 모른다.

우리가 기도하는 그 말 안에는 적을 대해 영적으로 지배할 능력이 있다! 중보기도와 영적 전쟁 안에서 행하는 모든 것은 하나님의 말씀에 기초를 두어야 한다. 당신 안에 거하는 하나님의 말씀이 당신에게 전쟁을 치를 지혜와 전투에서 승리할 힘, 적을 상대할 믿음을 준다(요 15:7,8). 어둠의 세력에 대항하는 검으로서 하나님의 말씀을 사용하는 법을 배워야 한다(엡 6:17). 성경 말씀을 더 알고 더 고백할수록 승리는 더 가까울 것이다.

성경 말씀은 우리의 검

성령의 검인 성경 말씀을 사용할 수 있는 방법을 몇 가지 제시한다.

- 성령께서 하나님의 말씀을 검으로 당신 자신의 마음에 먼저 사용하시도록 허용하라.
- 하나님의 말씀을 적에게 인용하여 그가 패배하였음을 일깨워라.
- 말씀을 하나님께 인용하여 그분의 약속을 확인하라.
- 하나님께 어떤 사람이나 상황에 대한 방향을 말씀으로 일러달라고 요청하라.

하나님의 말씀에 무지하면 적의 공격에 무방비 상태가 된다. 말씀의 성육신이신 예수님은 마귀의 유혹을 받을 때 기록된 말씀을 사용하셨다. 예수님에게 하나님의 말씀이 필요하셨다면 우리도 그러하다. 성경은 전쟁을 치를 무기로 가득하다. 하나님의 모든 약속, 예언적 기도, 사도적 가르침과 요한계시록을 자세히 살펴보라.

성경은 영적 전투의 전략서

출애굽기, 여호수아서, 사사기는 전투 전략을 세울 때 놀라운 통찰력을 제공한다. 구약 시대의 여호수아(Joshua)라는 이름을 신약 시대로 표현하면 예수(Jesus)가 된다. 여호수아서와 사사기를 영적 전투의 교범(敎範) 삼아 읽으라! 하나님께서 전쟁을 치르는 그분의 지도자들에게 주신 다양한 전략들에 주목하라. 그들의 승리와 더불어 패배에도 주목하라. 성경에 쓰인 모든 것은 우리가 참고할 모범이요 우리에게 주는 안내이다(고전 10:6, 11).

여호수아서 10장은 아마도 성경에서 영적 전쟁과 중보기도의 가장 강력한 모범일 것이다. 이 장은 이스라엘 백성과 아모리 족속의 다섯 왕 사이에 벌어진 전설적인 전투를 기록한다. 여호수아는 밤새 진군한 끝에 적들을 습격했고, 주님은 하늘의 포병대를 보내어 도우셨다. 여호수아가 대적에 대한 심판을 행하자 하늘에서는 우박 덩이가 쏟아졌다! 이스라엘 자손의 칼에 죽은 자보다 우박에 죽은 자가 더 많았다. 여호수아의 명령으로 태양은 전쟁이 마치도록 멈추어 있었다! 나는 이 마지막 날에 하나님이 여호수아서에 비견될 만한 놀라운 기적들을 행하실 것이라고 굳게 믿는다.

내게 이루신 주의 말씀을 외쳐라

요한계시록 12장 11절의 "자기들이 증언하는 말씀"은 성도들을 구원하신 하나님에 대한 구체적인 진술이다. 우리 각자가 하나님의 말씀이 우리에게 이루어졌다는 증언을 할 수 있다! 하나님과 그분의 말씀을 떠나서는 승리가 있을 수 없다. 우리의 증언은 하나님의 능력을 증언하기 위해 사용하는 말이다! 여기 마귀를 물리칠 확실한 증언의 예시를 들겠다.

- 나는 하나님의 말씀이 나를 자유롭게 했음을 증언한다!
- 너를 대적하는 내 몸에는 온통 그리스도의 보혈이 덮이고 뿌려져 있다.
- 그리스도의 피를 통해 나는 적의 손에서 구속되었다.
- 그 피를 통해 내 모든 죄가 용서받았고 나는 죄로부터 계속해서 깨끗케 된다.
- 예수님의 피를 통해 나는 하나님 아버지를 위해 따로 구별된다.
- 나는 그분의 권위를 지니고 있으므로 적은 내 안에 존재할 수 없다.
- 내 몸은 성령께서 거하시는 성전이다!
- 나를 위해 흘리신 예수님의 피로 인해 원수는 내게 어떤 능력도 행사할 수 없다!

찬양과 경배는 우리의 깃발

찬양과 경배는 우리가 전투를 치를 때 매우 효과적인 도구이다. 그것들은 계시와 능력 그리고 하나님의 영이 흐르도록 하늘의 영역을 열어준다. 찬양할 때 우리 영혼이 갇힌 감옥의 문이 열리고 우리는 다시 자유로워진다(행 16:23-26). 예수님은 제자들에게 기도를 찬양으로 시작하고 마치라고 가르치셨다.

승리할 때까지 하나님 경배하기를 미뤄두지 말라. 경배드릴 때 승리가 온다! 우리 발밑이 승리의 땅인 것처럼 찬양으로 승리하는 전투를 치를 것이다. 찬양의 옷을 입고 하나님 아버지께서 당신의 마음 안에서 하시는 일과 기도를 통해 이루시는 일을 지켜보라!

찬양하며 손뼉을 치거나 손을 높이 들 때 우리는 하늘의 전쟁을 수행하며 적의 왕국에 대혼란을 일으킨다. 모임뿐 아니라 경건 시간에도 선지적 예배를 드리는 것을 소홀히 하지 말라. 선지적 예배는 영적 전투를 치를 때 매우 강력한 무기이다. 어떻게 해야 할지 알 수 없을 때 하나님께 묻고 승리로 인도하는 길을 선지적으로 찬양하라. 찬양과 경배가 전투에서 승리하게 한다!

찬양은 잡힌 자를 풀어주고 추수로 불러들인다. 당신의 경배는 당신 자신을 자유롭게 할 뿐 아니라 다른 사람의 마음도 자유롭게 할 것이다. 하나님은 여호사밧을 전투에 보내실 때 그를 이런 노래로 무장시키셨다.

"모든 사람이 하나님께 감사하게 하라. 그는 선하시고 기뻐하기를 좋아하심이로다! 우리를 향하신 그의 온유한 사랑은 영원하리로다!"

찬송할 때 그 음악은 하나님이 천국의 보좌에서 사용하실 무기가 된다. 우리가 찬송으로 마음을 하나님께 올려드릴 때 하늘의 적이 정복될 것이다(사 30:32).

"하나님이여 민족들이 주를 찬송하게 하시며 모든 민족으로 주를 찬송하게 하소서 땅이 그의 소산을 내어 주었으니 하나님 곧 우리 하나님이 우리에게 복을 주시리로다"(시 67:5,6).

예배와 중보기도가 합쳐지면 하늘에 있는 적의 요새를 흔들 정도로 강력하다. 이것이 요한계시록에서 천상의 장면에 묘사된 거문고와 금 대접이 행하는 일이다.

그 두루마리를 취하시매 네 생물과 이십사 장로들이 그 어린양 앞에 엎드려 각각 거문고와 향이 가득한 금 대접을 가졌으니 이 향은 성도의 기도들이라 그들이 새 노래를 불러 이르되 두루마리를 가지시고 그 인봉을 떼기에 합당하시도다 일찍이 죽임을 당하사 각 족속과 방언과 백성과 나라 가운데에서 사람들을 피로 사서 하나님께 드리시고

계 5:8,9

이것은 예배와 중보기도가 연합하는 것으로, 그 결과로 어둠의 나라에 있는 요새를 무너뜨린다.

찬양은 적과 싸우는 우리를 어떻게 돕는가?

우리가 하나님의 임재 안으로 들어가 지혜와 힘을 얻게 한다.　　시 100:4

당신을 대신하여 보좌의 활약이 있게 한다.　　사 60:18

어둠의 세력을 마비시키고 적을 물리친다.　　왕하 11:13,14 ; 시 8:2, 149:5-9

찬양은 부흥을 촉진한다.　　대하 31:2, 34:12 ; 시 107:32

찬양에 하나님이 거하신다. 찬송할 때 우리는 그의 집으로 들어간다. 시 22:3

찬양은 우리의 옷이며, 우리를 성령으로 옷 입게 한다. 사 61:1-3

찬양은 그리스도의 승리로 가는 길이다. 시 106:47 ; 고후 2:14

찬양은 하나님께 드리는 제사이다. 렘 33:11 ; 히 13:15

◆ 오 늘 의 기 도 ◆
Today's Prayer

아버지 하나님, 저는 당신이 필요합니다. 저는 중보기도자, 기도의 전사가 되어 언젠가 이 우주를 통치하시는 주님과 함께할 한 사람이 되기 원합니다. 주님은 저에게 주님을 뵙는 보좌의 자리, 왕의 알현실에서 나오는 능력 있는 무기를 주셨습니다. 저는 주께 속하였고 주님은 나의 하나님이시니 제가 두려움 없이 담대하게 그 무기들을 사용하게 도와주소서. 아멘.

15

돌파기도

의로우신 아버지여
세상이 아버지를 알지 못하여도 나는 아버지를 알았사옵고
그들도 아버지께서 나를 보내신 줄 알았사옵나이다
내가 아버지의 이름을 그들에게 알게 하였고 또 알게 하리니
이는 나를 사랑하신 사랑이 그들 안에 있고
나도 그들 안에 있게 하려 함이니이다

요한복음 17장 25,26절

THRONE ROOM PRAYER

THRONE ROOM
PRAYER

전 시대를 통해 가장 위대한 기도가 요한복음 17장에서 발견된다. 그것은 예수께서 잡히시던 그날 밤, 우리의 위대한 중보자 예수 그리스도께서 겟세마네 동산에서 드리신 기도이다. 예수님은 그 밤에 박해받고 십자가에 못 박히도록 넘겨질 것을 아시면서도, 이 땅에서의 마지막 밤을 우리를 위해 중보기도 하며 보내셨다.

이 장의 시작 페이지에 기록된 기도는 성경에서도 가장 선지자적인 기도이다. 그 기도는 마지막 때 그분의 교회를 위해 하나님 아버지께서 반드시 응답하실 것이라는 기도이다. 하나님 아버지 자신이 사랑하는 그 아들의 기도에 응답하기로 약속하시니, 이 기도의 모든 요청은 예수님이 다시 오시기 전에 이루어질 것이다.

예수님은 당신을 위하여 돌파하는 기도를 드리셨다! 누구도 그분의 사랑하는 신부인 교회를 위해 예수님처럼 중보하지 못했다. 예수님의 마음에 불타오르는 그 사랑이 십자가에 못 박히기 전에도 당신을 위해 기도하시게 했던 것이다. 예수님이 배신 당하시던 그 밤, 그분의 마음속에는 당신이 있었다. 아버지께서 예수님의 영혼을 채우고 계셨음을 알고자 하는 열정을 가지라. 요한복음 17장의 이 기도를 깊이 생각해보라. 그 기도대로 몇 번이고 기도하고, 성령께서 당신으로 이해하게끔 해주시도록 하라. 온 나라의 교회에서 새로운 차원의 기도가 일어날 때이다. 공격적이고 강력하며 열정적이고 영광에 찬 돌파기도를 드리라!

돌파기도는 선지적이다

> 만일 그들이 선지자이고 여호와의 말씀을 가지고 있다면 … 만군의 여호와께 구하여야 할 것이니라 렘 27:18

겸손하고 깨어진 마음을 가진, 완전히 새로운 유형의 중보기도자들이 교회에서 일어나고 있다. 그들은 힘있게 예언하고, 하나님의 마음을 울리는 법을 배웠다. 많은 이들이 보이지 않는 곳에서 부흥과 공의를 위해, 나라들의 부르심과 교회 그리고 지도자들을 위해 밤낮으로 기도하고 있다.

지금은 '안나'와 같은 기도자들이 일어나서 하나님께 돌아가는 예언적 약속을 기도할 때이다! 안나는 갓난아기인 예수님이 주께 드려지는 정결예식을 치를 때 그 자리에 있었으며, 숨어 있었지만 중요한 선지적 중보기도자였다. 성전에서 자그마치 60년을 중보하는 데 헌신했던 그녀는 기도하는 과부였다! 하나님과 친밀한 가운데 은밀한 곳에 거처하던 그녀는 변화의 시기를 감지하고 그리스도가 오심을 인지했다. 그녀는 약속이 도래할 때까지 기다리며 기도하고 또 믿었던 사람으로 역사의 한 자리를 차지한다.

우리는 84세의 나이에도 여전히 열렬히 하나님을 찾는 사람이었던 그녀를 본다(눅 2:36-38). 그 긴 세월 동안 성전에서 기도하게 한 것은 그녀의 가슴속에서 불타오르던 열정이었다. 그녀가 했던 예언에 대한 기록은 없지만, 그녀는 은밀한 곳의 여성 예언자였다.

그녀의 선지적 사역은 예루살렘의 회복을 위해 끈질기게 중보한 것에서 표현된다. 그녀는 하나님의 예언적 약속을 가지고 기도했다. 그녀는 계시를 받았고, 그것이 이루어지는 것을 볼 때까지 기도했다. 기도하는 선지자들은 그들 주변의 영적 기후를 바꾸도록 부름받았다. 여성에게 국한된 것은 아니지만, 하나님나라를 이 땅으로 당겨오는 이 사람들은 안나의 발자취를 따르는 것같이 보인다. 그들은 기도로 출생과 고난 그리고 수고를 감수한다. 그것이 그들의 부르심이며 그들의 기쁨이기 때문이다.

예수님과 함께 기도하는 이들은 영의 눈으로 보고, 그분의 뜻이 이루어지기까지 기도한다. 그들은 예수 그리스도의 중보기도 사역에 동참해왔다. 예수님 옆자리에 앉은 그들은 예수님의 관점에서 보고, 그들의 중보기도는 계시에서 흘러나온다. 그들의 기도는 칼이 되고 무기가 된다.

처음에는 단순히 기도에 대한 부담감으로 시작할지 모르지만, 그 부담은 그들이 끝까지 기도하기까지 계속 남아 있을 것이다. 그것이 하나님께서 그들에게 주신 기도 사명이기 때문이다.

중보기도자의 마음은 하나님의 목적이 탄생하기 위해 진통을 겪는 모태가 된다. 중보기도자는 하나님께 집중하고 하나님과 함께 공모[2]하여 이 땅에 그분의 영광을 가져오는 전사가 된다! 구약에 나오는 선지자적 중보기도자에는 아브라함, 에스더, 다니엘, 드보라, 요셉, 예레미야 등이 있다. 주님께 이렇게 여쭈라.

"이것이 제 소명입니까? 주께서 저를 이 일에 부르신 것입니까?"

돌파기도는 강력하다

예수 그리스도의 교회가 1세기 교회의 불같은 열정으로 돌아가고 있다. 하나님의 이 '사도적 움직임'이 세상에 자리잡기 시작하고, 교회의 기초를 새롭게 회복시키고 있다. 적절한 설교를 위한 새로운 계시가 하나님의 말씀에서 쏟아지고 있으며, 우리 시대에 태어난 불길같이 열정적인 기도 형태는 나라와 도시들 위에 천국을 열어젖힐 것이다.

천국을 움직이게 하는 것은 권세 있고 강력한 돌파기도이다. 이런 형태의 기도에는 추진력과 영적인 힘이 있으며, 이러한 기도는 적의 방어를 훼파하고 하나님의 뜻을 성취해낸다. 하나님나라의 도

---

2) 영어로 "공모하다"라는 단어는 원문에서 conspire를 사용하고 있는데, 이는 "함께 숨쉬다"라는 뜻이다.

래는 치열한 싸움의 문제이다. 그것은 어둠에 싸인 이 지구에 강력한 힘을 행사하는 것이다. 왕국의 모든 면이 사단에게는 위협이다. 사단의 반대와 저항을 이기지 않고는 왕국이 오지 않는다. 그러나 결코 패퇴는 없을 것이다. 왕국의 변속 기어는 오직 한 가지, 전진뿐이다.

담대함은 마귀를 떨게 한다. 담대한 기도는 신령한 능력과 그 말에 권위를 부여하는 영적인 힘에 대해 말한다. 우리의 말은 돌파하는 힘이 되어 하나님의 오심을 방해하는 기운들을 흩어버린다. 그것은 불에는 불로 맞서겠다는 결단이며 악의 힘과 위세에 눌려 물러서지 않겠다는 각오이다. 왕국을 전진하게 하는 자들과 예언적으로 선포하는 이들은 이러한 강력한 사도적 포고를 거듭 말할 것이다. 우리의 통치하는 기도는 마귀의 파멸을 가져오는 핵폭탄과 같은 힘을 가진다.

돌파기도는 통치한다

돌파기도는 하늘의 것들을 옮기며 땅에서도 영향력을 가진다. 여호수아는 통치자의 돌파기도를 드린 사람이었다. 그는 불에는 불로 맞섰으며, 그의 담대한 기도는 인간의 역사를 바꾸었다. 하나님은 한 인간의 목소리에 귀를 기울이셔서 해를 멈추셨다. 여호수아의 목소리는 하나님의 적에게 복수하고 이 땅을 지배하는 그들의 견고한 요새를 파괴하려는 부르짖음이요 선포였다.

그의 기도는 성경에 기록된 돌파기도에서 예수님의 기도에 버금가는 최고의 수준이다. 여호수아의 기도는 하나님께서 인간과 싸우시게 했다. 하나님과 동역하는 이러한 기도는 전에는 결코 볼 수 없었던 폭발적인 능력을 땅 위에 가져왔다. 하늘이 열리고, 하나님은 적들의 머리 위로 우박을 쏟아부으셨다. 여호수아는 적을 뒤쫓았지만, 하나님은 우박을 보내셨다. 돌파하는 기름부음으로 하나님과 사람이 함께 싸웠다(수 10:12-14).

하나님의 목적이 주는 추진력을 얻은 여호수아는 자연법칙의 한계를 훨씬 뛰어넘는 굉장한 믿음을 얻게 되었다. 그는 물리적인 우주에 명령을 내려, 우주로 하여금 하나님의 부르심을 듣고 그분의 종이 하는 말을 청종하도록 했다. 여호수아가 하나님의 마음과 승리를 향한 열망을 공유했기에 그러한 기적이 일어난 것이다! 돌파기도는 언제나 하나님의 열정에 뿌리를 두며, 그것이 이루어지기까지 경계를 깨고 사물에 명령을 내릴 것이다.

이제는 기도를 돌파의 수준으로 끌어올리고 신령한 응답이 오게 할 때이다. 영적이기 위해 해야 하는 어떤 종교적인 수준의 기도 생활에 만족하여 머물러 있으면 안 된다. 다윗이 기도할 때 하늘이 흔들리고 하나님의 음성이 똑똑히 들렸다.

내가 환난 중에서 여호와께 아뢰며 나의 하나님께 부르짖었더니 그가 그의 성전에서 내 소리를 들으심이여 그의 앞에서 나의 부르짖음이 그의 귀에 들렸도다 이에 땅이 진동하고 산들의 터도 요동하였으니 그의 진노로 말미암음이로다 그의 코에서 연기가 오르고 입에서 불이 나와 사름이여 그 불에 숯이 피었도다 그가 또 하늘을 드리우시고 강림하시니 그의 발 아래는 어두캄캄하도다 그룹을 타고 다니심이여 바람 날개를 타고 높이 솟아오르셨도다 그가 흑암을 그의 숨는 곳으로 삼으사 장막같이 자기를 두르게 하심이여 곧 물의 흑암과 공중의 빽빽한 구름으로 그리하시도다 그 앞에 광채로 말미암아 빽빽한 구름이 지나며 우박과 숯불이 내리도다 여호와께서 하늘에서 우렛소리를 내시고 지존하신 이가 음성을 내시며 우박과 숯불을 내리시도다 시 18:6-13.

이런 종류의 기도는 하나님을 움직이시게 하고 숨겨진 일들을 드러낸다. 하나님은 바람 날개를 타고 달리시며 기도로 요청된 기적을 일으키신다. 당신의 기도가 응답될 때마다 하나님은 당신을 위해 그룹에 올라타시고 하늘에서 그의 명령을 천둥같이 내리신다. 우리가 자연 세계에서 보는 결과는 우리의 긴급한 기도에 대응하여 하나님께서 영적 영역에서 나타내시는 권능을 포장한 것일 뿐이다.

초대 교회 시절, 사악한 헤롯 왕은 그리스도의 몸인 교회를 대적하며 교회를 무너뜨리기 원했다. 베드로가 교회의 중요 인물이며 권위 있는 사람임을 깨닫고 그를 붙잡아 옥에 가두고 16명의 군인에게 맡겨 지키게 했다. 그 얘기가 교회에 전해지자 교인들은 즉시 그의 석방을 위해 하나님께 '간절히' 기도했다(행 12:5).

이 구절에서 '간절한 기도'라는 단어에 대한 헬라어의 문자적인 의미는 '기도 안에서 확장하다'라는 뜻이다. '간절한'(intense)이라는 단어는 '긴장'(tension)에서 왔다. 이는 긴장감을 가지고 기도 안에서 활동을 확장한다는 의미이다. 그것은 어떤 일이 터지고 무엇인가를 얻고 어떤 난관이 돌파될 때까지 경계를 확장하고 영적인 지경을 흔드는 기도이다!

확장하는 기도를 하는 시기에 성도들은 적이 항복하고 하나님의 목적이 서기를 간절히 기도한다. 사도행전 12장에서 기도했던 성도들은 베드로가 자연히 풀려날 가능성은 전혀 없다는 것을 알았다. 또 헤롯이 앞으로 베드로를 평생 감옥에 가둬두거나 더 나쁘게는 죽이려 한다는 것도 알았다. 하지만 마리아의 집에 모인 믿는 자들에게는 비밀 무기가 있었다. 그것은 물리적인 현실을 바꾸어 하늘의 돌파를 가져올 수 있는 확장 기도였다.

그들은 실제로 기도로 돌파했고 베드로는 풀려났다! 그들은 하나님이 응답하실 때까지 기도를 멈추지 않았다! 그리고 하나님은 극적이고 강력한 방식으로 응답하셨다!

그들은 자신들의 기도가 마침내 난관을 돌파했을 때에도 그 사실을 전혀 알지 못했기 때문에 계속해서 그 긴장을 유지하며 자신들의 영혼을 확장했다! 그들은 베드로가 문밖에 나타날 때까지 기적이 일어났다는 것을 알 길이 없었다! 그들의 기도는 자연적인 한계(감옥문)를 돌파하고 그들이 간구했던 기적적인 힘을 나타냄으로써 이 땅에 새로운 실재를 가져왔다. 그들의 끈질긴 확장 기도가 그 일을 이루었고, 이것은 심지어 그들 자신도 놀라게 했다!

이것이 우리가 반드시 붙잡아야 할 기도의 형태이다! 이제 지루한 기도 시간과 무성의하게 투덜대거나 징징거리는 것을 그쳐라. 성도들이 '기도 안에서 확장'될 때 거룩한 활기가 시작되고 기적이 일어난다.

사랑하는 아버지, 오늘 초자연적인 능력을 얻고자 주께 왔습니다. 주님은 저의 고통과 문제, 그리고 실패를 돌파하시고 승리로 이끌어주셨습니다. 저는 여기 유리 바다 위에서 주님과 함께 머물며 마음을 주께 쏟기를 원합니다. 주님과 같이 저를 사랑한 사람은 아무도 없으며, 주님과 같이 기도에 응답해준 이도 없습니다. 아버지, 제게 안전한 장소이자 높은 탑이 되어주셔서 감사합니다. 오늘 당신 안에 안전히 거하겠습니다. 아멘.

16

사도적 기도

주여 이제도 그들의 위협함을 굽어보시옵고
또 종들로 하여금 담대히
하나님의 말씀을 전하게 하여주시오며
손을 내밀어 병을 낫게 하시옵고
표적과 기사가 거룩한 종 예수의 이름으로
이루어지게 하옵소서 하더라

사도행전 4장 29,30절

이제는 우리 기도가 경계를 확장하고 한계를 깨뜨릴 때이다. 하나님은 오늘날의 교회에 사도적 기도의 모델이 회복되기를 원하신다. 이 땅에 행사되는 기적을 보기 원한다면 믿는 자들은 크고 담대하게 기도할 필요가 있다. 유리 바다 위에서 예수님과 함께할 때, 우리는 왕의 알현실에서 울려 퍼지는 선포와 천둥소리를 들을 것이다. 하늘의 그 소리는 우리가 기도로 하늘의 문을 열 때 땅 위에 폭포처럼 쏟아질 준비가 되어 있다.

우리는 어린양의 사도들이 우리에게 남긴 사도의 모델로 기도해야 한다. 신약의 기도자들은 집중적이고 구체적이었다. 포괄적으로 뭉뚱그린 기도는 실상 이루는 것이 별로 없다. 신약성경에서 우리는 바울과 사도들에게서 기도 생활에 관한 귀중한 교훈들을 발견할 수 있다. 그들은 하나님 말씀과 함께 살아갔으며 교회의 모든 필요를 기도로 구했다(행 6:4). 우리 역시 하나님의 말씀과 기도를 소중히 여겨야 한다. 그래야만 다른 사람을 위한 중보기도로 가득 찬 만족스러운 기도 생활을 하게 될 것이다.

왕국을 오게 하는 사람들은 분명하고 적극적인 마음가짐을 하고 있다. 그들은 남녀를 불문하고 현재 상황을 뒤흔드는 단호한 사람들이다. '단호한'(forceful)에 해당되는 헬라어에는 '격렬하게 흔들다'라는 뜻이 있다. 그들의 기도는 주변의 영적 영역을 격렬하게 흔든다. 하나님 아버지께서 그들에게 통치의 영향력을 부여하셨기 때문이다.

강력한 기도는 성령의 능력이 이 땅에 내리도록 하고, 왕국의 실재를 강력하게 앞으로 밀어내며, 미래를 현재로 당겨온다. 이는 적의 요새를 흔들어 무너지게 한다. 단호한 남녀들은 왕국의 힘을 붙잡고 왕국을 도래하게 하는 기도를 한다. 그들은 어둠의 왕국을 강탈하고 적의 영토에 반역을 선포한다.

"세례 요한의 때부터 지금까지 천국은 침노를 당하나니 침노하는 자는 빼앗느니라"(마 11:12).

교회가 사도적 모델을 사용하여 하나님께 부르짖을 때 그 지역을 위한 돌파가 일어남을 보기 시작한다. 사도적 기도 모델은 하늘을 열고 이 땅의 도시에 부흥을 가져올 것이다. 바울은 각 지역 교회들이 돌파를 경험하기를 기도했다.

신약성경, 특히 서신서들에서 발견되는 기도들을 모아 다음과 같은 내용으로 요약해보았다. 양이 많기는 하지만 시간을 내어 그 구절들을 찾아보고, 가족과 교회 및 지역 사회를 위해 기도하라. 그리고 하나님께서 일하시는 것을 보라!

에베소서 1:17-19

하나님의 진리, 확신과 변화시키는 능력을 받아들이면서 지혜와 계시의 영이 자신의 삶에서 나타내어지도록 기도하라. 우리가 배운 모든 진리로 인해 그리스도에 대한 더 깊은 지식으로 인도되기를 기도하라. 소망이 우리 마음을 채우고 그리스도 안에서 우리의 사명에 확신이 들기를 기도하라. 죽음도 극복하는 능력을 위해 기도하라. 교회에 계시의 영이 내려오기를 구하는 기도가 응답될 때 교회는 하나님의 영광으로 가득 찰 것이다.

에베소서 3:16-19

성령께서 우리 안에 계실 때 하나님의 초자연적인 능력이 당신의 존재로 들어오시도록 초청하는 기도이다. 믿음은 이러한 일이 우리 삶에 더 많이 일어나게 하는 덕목이므로, 하나님께서 당신의 믿음을 크게 해주시기를 기도하라. 당신이 사랑 안에서 성장할 때 예수님은 당신 안에서 자유로이 다니신다. 그분의 사랑이 당신에게 드러나기를 요청드리라.

에베소서 3:18,19 ; 데살로니가후서 3:5

이 말씀은 교회 안에 사랑의 계시가 더 커지기를 바라는 바울의 위대한 기도이다. 이 깊고 변화를 이루는 계시는 성령의 능력에서 온다.

에베소서 6:18-20

대중 사역을 위한 담대함과 기름부음이 있도록 드리는 기도이다. 하나님은 그분의 종들이 용기를 내어 땅끝까지 그분의 말씀을 전하기를 원하신다. 그러기 위해서는 새로운 담대함이 필요하다. 교회가 기도의 자리에서 성령의 담대함으로 움직일 때 표적과 기사가 이 땅에서 이루어질 것이다.

빌립보서 1:9 ; 데살로니가전서 3:12 ; 데살로니가후서 3:5

그리스도의 몸인 교회 안에 사랑이 자라기를 기도하라. 성령께서 자유롭게 운행하셔야만 이를 이룰 수 있다. 우리가 성령에 의지하면 그분은 우리의 연약함을 드러내실 것이다. 다른 이들에 대한 복을 구할 때 사랑 안에서 모든 은사가 흘러가기를 기도하라. 하나님은 이러한 일들이 나타나도록 성령의 지혜를 주실 것이다.

골로새서 1:9-11

성령이 우리 위에 부어질 때 하나님께서 그분의 뜻을 그분의 백성들에게 알려주시기를 기도하라. 하나님의 백성은 영적 이해를 성장시키고 하나님의 목적을 이행할 필요가 있다. 고난 중에 인내할 힘을 위해 기도하라.

골로새서 4:2-4 ; 사도행전 14:27

바울은 하나님께서 그분의 말씀 위에 기름 부어주심으로 복음의 '문'을 열어주시도록 기도하라고 한다. 우리가 기름부음 받은 복음의 안으로 들어가길 원한다면 기도로 반드시 두드려야 할 기회의 문이 있다. 예수님은 우리가 믿음으로 중보할 때 그 문을 여신다 (계 3:8). 합심기도는 잃어버린 자를 향해야만 한다. 기회의 문은 교회가 기도할 때 활짝 열린다. 그 '열린 문'을 통해 성령의 기적과 징조와 기사가 일어난다.

골로새서 4:12

우리는 도시 전역의 교회에 영적 성숙이 있기를 기도해야 한다. 이러한 종류의 중보는 그 지역의 영적 성숙도를 올린다. 우리가 기도할 때에만 오는 은혜와 성숙이 있다. 이것이 이 땅에 하나님의 뜻이 이루어지게 한다.

데살로니가전서 3:10 ; 고린도후서 13:9 ; 히브리서 13:20,21 ; 고린도전서 1:8

교회가 세워지고 완전하게 되고 성숙하기를 바라는 기도들이다. 이러한 기도는 오직 성령에 의해서만 응답된다. 성령께서 변화시키는 은혜로 우리 마음을 감싸실 때 영적인 열매와 은사와 지혜가 생겨난다.

로마서 15:5,6 ; 요한복음 17:20-22

성도 간의 일치! 이것은 모든 일에서 우리를 하나 되게 해달라고 성령께 간구할 때 일어난다. 우리는 교회의 리더십이 삼위일체를 본으로 삼을 때까지 이러한 기도를 하는 중보기도자가 필요하다.

고린도전서 1:4-8

바울은 교회가 그리스도의 오심을 기다릴 때 영적 은사가 부족함이 없게 해달라는 사도적 기도를 하였다. 계시의 지식과 지역의 전략이 탄생할 것이고, 교회는 성숙해져서 그리스도의 날에 흠이 없게 될 것이다.

고린도후서 13:9

이는 교회가 성숙함과 지혜, 그리고 하나님 은혜의 모든 차원 안에서 자라기를 바라는 기도이다. 당신이 속한 지역 교회를 위해서도 이같이 기도하는 것이 마땅하다!

데살로니가전서 1:2,3 ; 데살로니가후서 1:3

다른 사람들에게 주신 은혜에 감사하는 기도는 그들에게 더 많은 은혜를 가져다주고 사랑 안에서 우리 마음을 넓혀줄 것이다. 우리가 더 많은 것을 구할 때 교회가 감사로 가득한 마음으로 기도하는 것이 정말 중요하다!

데살로니가전서 3:9-13

교회는 그 지역의 모든 교회에 사도적 사역이 일어나도록 기도하여 믿는 자들에게 사랑과 거룩함이 넘치게 한다. 성숙한 사람들이 와서 지역 교회의 부족함과 미성숙함을 온전하게 해야 한다.

데살로니가전서 5:23-25

우리는 마음이 순결하고 예수님을 향한 열정이 더 많아지기를 기도해야 한다. 우리가 이렇게 기도할 때 성령께서 우리를 더욱 강하게 하실 것이다. 하나님은 신실하시며 우리 기도에 움직여주실 것이다. 그분은 우리를 보호하고 우리의 삶과 교회를 정결케 하실 것이다.

데살로니가후서 1:11,12

우리는 지금 누리는 은혜보다 더 큰 은혜를 받도록 교회의 성숙을 위해 기도해야 한다. 기도는 이 땅에 하늘의 것을 내려오게 한다. 우리의 성숙은 예수님의 기도 동역자가 되는 것과 일부 관련이 있다.

데살로니가후서 3:1,2

기도는 말해진 언어에 능력과 기름부음을 배가시킨다. 우리는 복음 전파와 성도의 가르침에 능력을 덧입어야 한다. 성령의 기름부음은 그 효과를 증대한다.

데살로니가후서 3:3 ; 야고보서 4:7

이것은 신약성경에서 우리가 찾는 대적기도(영적으로 전투하는 기도)에 가장 가깝다. 이러한 사도적 기도들은 우리 안에 역사되기 위해 우리가 이미 소유하고 있는 능력을 위한 것인데, 이 능력은 인간의 마음이 어둠의 세력에 저항할 능력, 어둠의 세력을 극복하고 물리칠 능력을 의미한다. 악한 존재인 사탄은 이미 우리 삶에서 패배했으며, 우리가 기도하고 하나님의 약속에 굳게 설 때 힘을 잃는다.

데살로니가후서 3:1-5

이것은 믿는 자들을 박해에서 구원하는 기도가 될 것이다. 중보기도는 하나님의 말씀과 능력이 흘러갈 길을 낸다. 우리는 모든 도시에 기도의 집을 세워야 하며, 하나님 아버지께 악한 자로부터 보호해주시고 성도를 세워달라고, 그리고 하나님의 사랑을 쏟아부어 달라고 청해야 한다.

고린도후서 13:7-9 ; 데살로니가전서 3:10-13 ; 빌립보서 1:9

이 기도들은 교회를 성결하고 거룩하며 사랑하게 한다. 우리는 우리 입에서 이러한 기도의 언어가 일어나서 하늘의 덕이 그리스도의 신부인 교회로 내려오기를 기도해야 한다. 신부는 그러한 덕 안에서 행할 때 스스로 준비되는 것이다. 성령께서 이를 이 땅에서 이루어지게 한다.

디모데전서 1:17, 6:15,16

이것은 알현실의 기도이다. 우리가 하나님께 존귀와 영광을 돌리는 말을 할 때 하나님의 마음을 기쁘시게 한다. 이것이 바로 하나님께서 간절히 원하시는 바가 아닌가! 우리가 그렇게 할 때 하늘에서 하나님 주변에서 드려지는 예배에 연결되는 것이다. 이것이 바로 영원과의 연결이다!

디모데전서 2:1-4

우리에게는 정부의 권력자들과 시민 지도자들을 위해 기도할 책임이 있다. 그러한 기도는 그 지역의 교회에 평화와 평온함을 준다. 당신이 그들과 모든 사람의 구원을 위해 기도하는 것이 하나님 아버지를 기쁘시게 한다.

디모데전서 2:7, 24-26 ; 누가복음 24:45 ; 사도행전 16:14

우리는 하나님께 다른 사람들의 마음을 열고 그들에게 회개를 허락해달라고 요청해야 한다. 예수님이 열쇠를 쥐고 계시며, 기도는 그들의 마음을 연다. 계시와 이해를 구하는 이러한 기도는 반드시 우리 기도의 주제가 되어야 한다.

로마서 10:1

이스라엘이 그리스도 안에서 구원의 지식을 받을 수 있도록 기도하라. 바울은 이스라엘을 위해 진심으로 간절히 기도했다.

사도행전 4:24-31 ; 에베소서 6:19

담대함을 구하는 기도이다. 우리가 구하지 않는다면 결코 얻을 수 없는 담대함이 있다! 담대함은 기도를 통해서 우리에게 성령이 심겼다는 구체적인 표시이다. 사도들의 일치된 기도는 하나님의 손이 치유와 표적과 기사를 행하시게 할 것이다.

마태복음 9:37,38 ; 누가복음 10:2

더 풍성한 추수를 위해 기도하라! 헬라어 원문에서 "보내다"로 사용된 단어 '엑발로'(ekballo)에는 훨씬 더 강한 의미가 담겨 있다. 이 단어는 마귀를 몰아내거나 내쫓는 데 사용된다. 성경은 이 땅의 추수할 밭으로 더 많은 일꾼을 몰아내거나 쫓아내도록 주인에게 간청하라고 말한다. 추수를 기다리는 밭이 있기에 그분의 "추수할 일꾼"이 더 많이 필요하다.

우리가 바로 그 추수할 일꾼이다. 주님은 곡식을 거둬들이기 위해 이 땅의 각지로 '우리를 내어쫓으실' 것이다. 우리는 성령으로 충만하여 성령의 은사와 열매와 지혜가 충만하며, 주인은 그러한 우리를 필요로 하신다. 세상은 우리가 이 기도에 온전하게 응답하기를 기다린다.

로마서 15:5-7

이것은 그 도시 내 교회들의 일치를 위한 기도이다. 한 지역의 교회들이 연합할 것을 믿는다면 그 믿음은 열렬한 중보기도로 표현될 것이다. 이 일은 우리가 해낼 수 있는 것이 아니다! 오직 성령만이 이 기도에 응답하실 수 있다.

로마서 15:30-33
복음을 전하는 자들을 박해에서 구하여 풀려나고 안전하게 하도록 믿는 자들이 합심하여 열렬히 기도해야 한다. 우리의 기도는 복음을 전하는 전도자들이 안전하고 결실을 얻게 할 수 있다.

빌레몬서 4-6
기도는 복음 전도를 활성화한다. 합심기도로 교회가 연합할 때 담대함이 따라온다. 기도회에서 믿음이 강화되면 더 많은 능력과 담대함이 일어난다!

히브리서 13:20,21
이 기도는 하나님의 위대하심과 하나님께서 우리에게 주신 사랑의 언약과 예수 부활의 능력을 인정한다. 우리는 이러한 계시를 붙잡고 기도한다. 우리가 중보할 때 교회는 더 깊은 성숙함에 이르고 우리의 위대한 목자에게 영광을 돌릴 것이다.

야고보서 1:5,6
믿음 있는 기도는 하나님의 지혜를 얻게 한다. 우리는 지혜로 행하기를 구해야 한다. 우리에게 지혜가 절대적으로 필요하며, 기도할 때 진정한 이해와 분별이 흐른다. 자녀가 구하는 것은 무엇이든지 주고자 하는 것이 아버지의 마음이며, 그 마음에는 주저함이 없다.

요한3서 2

기도할 때 교회는 영적으로 물리적으로 건강해진다. 우리의 성품(영혼)이 잘되고 하나님 앞에 살아있어서 그리스도의 형상을 반영할 것이다. 아브라함의 하나님은 그분의 사랑 안에서 우리가 중보기도 할 때 우리 삶의 모든 것을 축복하실 것이다.

유다서 20 ; 에베소서 6:18

우리는 열정적으로 기도해야 한다. 어떤 형태의 기도로든 성령님과 함께하는 모든 순간이 보좌의 기도이다! 그러한 기도를 통해 응답이 오고, 믿음이 견고해지고, 우리 마음 안에서 담대함이 일어날 것이다!

CHAPTER

17

기도하는 집

내가 곧 그들을 나의 성산으로 인도하여
기도하는 내 집에서 그들을 기쁘게 할 것이며
그들의 번제와 희생을
나의 제단에서 기꺼이 받게 되리니
이는 내 집은 만민이 기도하는 집이라
일컬음이 될 것임이라

이사야서 56장 7절

THRONE ROOM PRAYER

주 예수 그리스도께서 거처할 곳을 찾고 계신다. 그냥 한번 들를 곳이 아니라 거주할 수 있는 곳을 구하신다. 그분은 자신의 몸인 교회가 기도하는 집(마 21:13)으로 일컬음을 받을 때까지 우리 안에 거하기를 원하신다. 당신이 낮이나 밤이나 하나님 아버지께 다가가는 기도를 하는 그곳이 바로 예수님이 거하실 장소이다.

이것은 하나님 아버지의 마음에 큰 기쁨과 즐거움을 가져다드릴 뿐 아니라 그 백성에게도 즐거움이 될 것이다. 당신과 가까운 교회에서 즐거운 기도가 드려지기를! 하나님께서 이 기쁨의 원천이 되시며, 이 기쁨을 지속시키실 것이다.

하나님께서 기뻐하실 만한 기도에는 다음과 같은 몇 가지 특징이 있다.

• 하나님께서 당신을 사랑하실 뿐 아니라 기뻐하신다는 확신에 뿌리를 둔 기도!

- 하나님의 아름다운 왕국에서 흘러나오는 보좌 중심적인 기도로, 하나님을 너무나 사랑하며 하나님을 가장 큰 상급으로 여기는 예배자들이 드리는 기도! 하나님의 형언할 수 없는 아름다움 안에서 그분을 바라보며, 부흥이나 기적이나 치유만이 아니라 하나님 안에서의 진정한 상급을 찾는 기도(창 15:1 ; 사 4:2, 33:17)

- 하나님의 거룩하심에 기초를 두고 왕의 알현실로부터 흘러나오는 기도로, 모든 어둠의 방식과 왜곡된 사고를 버린 기도이다. 적은 밤낮으로 교우들을 고발하며, 이러한 고발은 밤낮을 가리지 않는 중보기도로 대응해야 한다! 교회는 일치하여 하나님 아버지 앞에 서야 한다. 이 밤낮을 가리지 않는 일치된 기도가 우리의 마음과 교회와 나라 위에 있는 적의 요새를 뒤엎을 것이다.

우리는 예수님이 세우신 집이며 지옥의 문은 그 집을 이길 수 없을 것이다! 교회는 기도하는 집이자 열방을 위해 기도하는 기도 센터가 되어야 한다. 24시간 동안 기도할 때, 추수가 이루어지고 예수님의 지상명령이 이루어지는 것을 지켜보라!

신성이 거하는 곳

우리는 하늘에 있는 왕의 알현실로부터 신성이 거할 곳을 지어야 한다! 교회가 그 지역에 하나님께서 머무시도록 초청할 때 예수님의 생명과 영광이 임할 것이다. 우리가 하나님과 동역할 때 우리가 사는 지역과 나라에 대한 하나님의 가장 고상한 목적이 실현될 것이다. 각 도시의 교회는 거룩한 성채가 되어, 하나님의 현존이 이루어지는 장소가 될 것이다. 하나님은 하루 24시간 기도하는 곳에 임재해야겠다는 부담을 가지시기 때문이다. 이렇게 신성이 머무는 곳은 이 땅의 각 나라와 지역들 위에 하나님의 빛나는 임재를 끊임없이 내리쬐게 할 것이다.

거룩한 성채는 언젠가는 치유, 지역의 연합, 비범한 징조와 기사 그리고 전 세계에 걸친 추수라는 하나님의 능력이 나타나는 장소로 알려질 것이다. 하나님은 다윗의 무너진 장막을 다시 지으리라고 약속하셨다. 그것이 덮개가 없는 다윗의 궤가 있던 시온산과 다윗의 뒷마당에서 하나님과 함께 시작된 24시간 기도의 모델이다! 이 기도 모델은 종말의 때에 되찾게 되며 교회는 세계 모든 도시에서 예배자들과 중보기도 모임으로 가득하게 될 것이다(행 15:15-18).

유리 바다 위의 사역을 본떠서 이 땅에서 사역을 시작할 때 어떤 일이 일어날지 상상해보라! 요한계시록 4장과 5장에는 24명의 장로가 언급되며, 하루에 24시간이 있듯이 이 지구에는 24시간대가 있다. 우리가 찬양으로 땅을 덮고 향기로운 향으로 하늘의 금 대접을 채울 때 전 지구적 예배와 중보기도는 전 세계에 추수가 일어나게 할 것이다. 높은 곳에서의 예배가 밖을 향해 전진하여 이 땅에 승리와 승전을 가져올 것이다! 그런 예배의 오케스트라에 참여하는 것만으로도 기쁨으로 가슴이 뛰지 않는가?

지켜보고 기도하라

'지켜보다'(watch)에 관련된 단어들, 예컨대 '지키는 자'(watchman 파수꾼), '주시함'(watching 주목하다, 주시하다), '지켜보는'(watchful 깨어 있다, 돌보다, 일깨우다), '관찰자'(watcher 순찰자) 등은 성경에 165번이나 나온다.

예수님은 우리에게 지켜보고 기도하라고 하시는데, 그것은 보는 것과 기도하는 것은 구별되지만 유사한 행동이라는 것을 나타낸다. 모든 믿는 자에게는 지켜보고 기도하는 사역이 있다. 하나님은 우리 앞에 이 일을 거룩하게 설정해두셨다. 신실한 파수꾼을 일으켜 그분의 목적을 지키기 위한 거룩한 보초병으로 세우시려는 것이 하나님의 뜻이다.

당신은 하나님을 위해 지켜보는 사람, 즉 파수꾼이 되어야 한다. 우리는 하나님께서 거룩하게 세우신 보초병이 되어 적이 공격하기 전에 그들을 지켜볼 것이다. 우리는 하나님께서 그의 백성에게 부흥을 가져오실 때 그 장면을 처음으로 목도하는 사람이 될 것이다. 우리가 사는 세상 도시와 나라들은 하나님께서 지명하신 보초병이 지켜주기를 기다린다.

이사야 62장에 나타난 우리의 임무는 다음과 같다.

- 쉬지 말라. 응답이 올 때까지 그치지 말라.
- 하나님을 쉬지 못하시게 하라. 하나님께서 당신이 하나님을 '꼼짝 못 하게' 하기를 허락하실 때까지 기도로 하나님과 씨름하라.

우리의 중보기도는 끈질기고 확고하며 집중되고 열정적이며 이기는 것이 되어야 한다. 하나님의 비서인 우리는 하나님께 그분이 하신 약속을 일깨워 드린다. 우리는 하나님의 백성들을 위해 밤낮으로 그분 앞에 나아간다. 우리가 나라를 위해 기도하고 계속해서 지켜볼 때 구원에 대한 이해가 일어난다.

뜨겁고 거룩한 중보기도가 우리 삶의 양식이 되어야만 한다. 우리는 전투의 시기에 울타리를 만들고 방어벽을 쌓는 사람들이어야 한다. 이사야서 59장 16절 말씀은 하나님께서 성 무너진 데를 막아서서 억압받는 자들을 구원할 사람, 즉 하나님 앞에 와서 사람들의 사정을 말하고 간청할 사람을 기대하신다는 것을 알려준다.

하나님은 오히려 이런 일이 일어나지 않을 때 놀라신다. 중보자가 없으면 악과 심판이 이 땅에 떨어질 것이다. 중보기도는 악의 침입을 막아내고 사람들 주위에 보호의 울타리를 만든다(시 94:16). 성경은 하나님께서 부흥사나 목사를 찾으셨다고 말씀하지 않는다. 하나님은 중보기도자를 찾으셨다!

우리 하나님은 당신의 기도를 듣고 응답하기를 간절히 바라시며, 그래서 이사야서 65장 24절에서 "그들이 부르기 전에 내가 응답하겠고 그들이 말을 마치기 전에 내가 들을 것이며"라고 말씀하신다. 사실 하나님은 우리가 계속해서 그분 앞에 나아와서 '그로 하여금 쉬지 못하게' 하기를 원하신다. 그분이 사랑하시는 교회가 요청해오는 것을 너무나 좋아하셔서 사람들을 방어벽 위에 두고 "밤이나 낮이나 침묵하지 말라!"라고 명하신다.

하나님 아버지는 이 땅의 도시와 나라와 사람들을 지켜보는 '지키시는 이'(시 121편)이시다. 그분의 말씀이 실행되는 것을 지켜보시고(렘 1:12) 그분이 사랑하는 사람들의 운명을 살피신다(창 16:13, 28:15-21). 모든 것이 그분의 계획에 따라 이루어지도록 하늘과 땅을 굽어살피시며(시 33:14) 우리가 상처 입고 기적이 필요할 때 우리를 돌보신다(출 3:16 ; 신 2:7).

하나님같이 지키시는 분은 없다! 이 땅의 모든 현명한 파수꾼은 하나님 아버지의 모범을 따른다. 그분이 지켜보시기 때문에 우리는 지켜보는 자가 될 수 있다! 우리는 그분의 형상에 따라 지어졌으며 하나님은 파수꾼의 대장이시다!

성경에서 또다른 지키는 자들을 많이 찾아볼 수 있다. 예수님이 탄생하셨을 때 찾아온 동방박사들은 지켜보는 자들이었다. 그들은 징조를 찾기 위해 하늘을 지켜보고 있었다. 밤에 양 떼를 지키던 목자들은 자신의 양 떼를 지키기 위해 오실 목자이신 왕에 대한 선지적 징조라 할 수 있다. 오늘 하나님은 예수님의 귀한 양떼를 지키기 위해 밤낮으로 지켜보라고 그분의 목자들을 부르신다.

시므온과 안나는 마리아와 요셉이 하나님께 아들 예수를 드리기 위해 성전에 올라갔을 때 주님의 오심을 지켜보았다. 그들은 하나님의 영원한 목적이 이루어지는 일을 자신의 눈으로 보기까지 금식하고 기도한 중보기도자들이었다. 그들이 하나님이자 인간인 아기 예수님을 안으며 두 눈을 바라볼 수 있었던 것은 얼마나 큰 특권이었겠는가.

열두 살의 예수님은 "아버지의 집"(눅 2:49)에 있어야 하는 지키는 자였다. 그분은 일생 동안 하나님 아버지를 지켜보면서 그 아버지께서 하시는 일만을 행하셨다. 밤에도 기도하고 낮에도 기도하셨으며, 자신에게 가장 큰 의미를 지닌 분이신 하나님 아버지와 교감하고 친교를 나누셨다.

예수님은 하나님께서 찾으시는 '지키는 자'이셨다. 그분은 방어벽을 쌓고 하나님 앞에서 무너진 곳을 막아서는 자였으며(겔 22:30) 당신과 나를 위해 중보기도 하고 개입하는 분이셨다. 우리가 그분의 발자취를 따를 때 우리 또한 방어벽 위에 선 파수꾼이 될 것이다.

주 예수님이 겟세마네 동산에서 베드로와 야고보, 요한에게 "너희는 여기 머물러 나와 함께 깨어 있으라"(마 26:38) 하셨던 것처럼, 지금도 여전히 그분 곁을 지키며 함께 밤새 기도할 제자들을 원하고 계신다.

예수님은 풍랑 이는 바다 위의 배에서는 주무실 수 있었지만, 겟세마네 동산에서는 깨어 기도하셔야 했다. 예수님의 눈은 아버지 하나님에게 향해 있었으며, 졸음에 방해받지 않으셨다. 예수님은 밤새워 기도하느라 깨어 계셨다. 그분은 당신과 내게 오셔서 깨어 있으라 하시고, 그분이 신랑으로 오실 때까지 지켜볼 수 있도록 도와주신다.

주 예수님, 제가 이 땅에서 걸어 다니는 기도회요 기도하는 집이 되기를 원합
니다. 제 영혼을 영광과 평화로 채우셔서 날마다 순간마다 주님과 함께 지
낼 수 있게 하옵소서. 제게 기도를 가르쳐주시고 지속하는 기도가 어떤 것인
지 알려주소서. 오늘 저를 주님의 영광으로 가득한 거룩한 성소로 변화시키실
때, 제 마음을 당신의 뜻대로 인도하소서. 아멘.

CHAPTER

18

언덕 위의 파수꾼

··· 내일 내가 하나님의 지팡이를 손에 잡고 산꼭대기에 서리라
여호수아가 모세의 말대로 행하여 아말렉과 싸우고
모세와 아론과 훌은 산꼭대기에 올라가서
모세가 손을 들면 이스라엘이 이기고
손을 내리면 아말렉이 이기더니

출애굽기 17장 9-11절

THRONE ROOM PRAYER

이 장을 시작하는 성경 구절에서 여호수아는 골짜기에서 싸우고 언덕 위에서는 모세가 기도로 싸우고 있다는 이야기를 본다. 여호수아가 아말렉과 전면전을 치르는 동안 모세는 팔을 높이 들고 지팡이에 기대고 있는 모습이다. 파수꾼이자 제사장인 아론과 훌이 모세가 피곤해질 때마다 모세의 팔을 잡아주었다. 모세가 지팡이에 지탱하여 팔을 높이 들고 있는 동안에는 골짜기에서는 여호수아가 승리하였다.

 전투는 물리적이면서 또 한편으로는 영적인 싸움이다. 여호수아가 전략적으로 군대를 배치하고 물리적인 전투에 임했다면, 모세는 영적인 전투에서 싸워야 했다. 모세는 높은 곳에서 혈투를 내려다보면서 전략적인 기도를 했다. 하나님의 지팡이는 아래에서 싸우는 군대에는 하나님의 뜻이 이루어지리라는 확신을 주는 것이었다.

 하나님은 모세와 아론과 훌을 통해 자기 백성의 군대를 지켜보고 계셨다. 그들은 이 전투에서 궁극적인 승리를 위해 각자 아주 중요하고 결정적인 역할을 맡았다.

오늘날 우리도 전략적인 기도로 우리의 영적 지도자들을 도와야 한다. 주변에 신실한 '무장한 군대'(중보기도자들)가 없는 지도자는 위험에 처한다. 중보기도가 영적 지도자들을 보호하고 그들의 칼을 날카롭게 만든다.

그리스도의 몸인 교회에는 교회 지도자들을 위해 개인적으로 기도하는 중보기도자라는 전략적인 자리로 명확하게 부름받은 사람들이 있다. 그들을 '아론과 훌 중보자'라고 부를 수 있을 것이다. 그들은 전투에서 장수들의 팔을 붙들어 올린다. 지도자들 곁에서 그들을 축복하고 격려하고 사기를 북돋우며 중보기도 하도록 부름받았다.

이것이 오늘 당신이 받은 위임이 되기를! 주인 되시는 위대한 대장께서 당신이 오늘날 아론과 훌같이 되도록 당신에게 중보기도자의 사명을 주시기를!

기도의 벽을 쌓으라

모든 기도, 모든 한탄 그리고 모든 부르짖음은 다른 사람들이 적에 대항할 수 있게 울타리를 세우고 방어벽을 건설하는 작업의 일환이다. 우리는 사람들과 나라들 주변에 도덕적, 영적 방어벽을 다시 세우는 작업을 위해 기도하고 일해야 한다(사 57:14). 중보기도자들은 의로움을 위해 담대하게 일어서는 오늘날의 에스라이자 느헤미야이다.

하나님의 권세를 입은 우리의 중보기도는 적에 대항하여 굳게 서며, 원수에게 그가 몰래 숨어들어온 요새와 은신처를 비우고 떠나라고 명령한다. 우리는 기도로써 뭉치고 흩어지게 할 권위를 가진다. 중보기도자는 적의 간계가 힘을 드러내기 전에 먼저 그것을 부숴버릴 수 있다. 마귀여, 조심하라! 여기 마지막 때 하나님의 중보기도자들이 가서, 싸울 태세를 갖추고 하나님과 잃어버린 자를 위해 사정없이 싸울 것이다! 당신은 기도에 대해 급진적이 될 준비가 되어 있는가?

중보기도자들은 하나님께서 이 땅에 그분의 의를 세우실 때까지 쉬지 말고, 24시간 내내 주야로 하나님의 약속을 그분께 상기시켜 드려야 한다(사 62:6,7). 우리는 하나님의 비서가 된 것처럼, 그분이 하실 일을 알고 그분의 약속을 알려드려야 한다. 우리의 기도는 마귀의 방해를 막아내는 벽이 된다. 바로 지금, 우리나라에 중보기도자가 필요하다. 나라의 미래가 중보기도자의 손에 달렸다. 지금이 기도할 때이다!

이사야서 21장 6-12절에는 중보기도자의 '지켜보는 사역'에 대해 흥미로운 해석이 나온다. 주님은 이사야에게 밤낮으로 자신의 자리에서 깨어 경계할 파수꾼을 세우라고 명하신다.

주께서 내게 이르시되 가서 파수꾼을 세우고 그가 보는 것을 보고하게 하되 마병대가 쌍쌍이 오는 것과 나귀 떼와 낙타 떼를 보거든 귀 기울여 자세히 들으라 하셨더니 사 21:6,7

하나님은 중보기도자들에게 전략적인 임무를 주셔서 항공교통 관제사들처럼 영적 상공을 방비하게 하신다. 기도하는 동안 하나님은 어둠의 전략을 드러내시고, 적이 들고 있는 카드를 보여주실 것이다(렘 51:12).

예언적 선견자였던 이사야에게 11절에서 던져진 질문을 보라.

"파수꾼이여 밤이 어떻게 되었느냐?"

사람들은 앞으로 어떤 일이 있는지 알기 위해, 하나님과 시간을 함께하는 사람들을 찾고 있다. 그들은 다가올 일에 대해 하나님의 마음을 가진 사람이 누구인지 알고 싶어 한다. 그들은 "적이 가까이 있는가? 우리의 앞날에 어떤 위험이 닥칠 것인가? 이 일은 언제 끝날 것인가?"라고 묻는다. 교회는 밤이 끝나고 참된 날이 밝아오기를 부르짖고 있다.

그 물음에 대해 파수꾼의 정직한 대답이 12절에 나온다.

"아침이 오나니 밤도 오리라."

새로운 기회의 아침이 이 땅에 밝아오고 있다. 하지만 재앙의 밤도 또한 올 것이다. 파수꾼은 사소한 일 때문에 혹은 하나님과 실랑이를 하느라고 지체하지 말라고 조언한다. 기도할 것이라면 제대로 하라.

"네가 물으려거든 물으라 너희는 돌아올지니라"(사 21:12).

"언젠가는 나도 기도의 사람이 되어야지"라고 말한 적이 있다면, 지금이 바로 그 부르심에 응답할 날이다!

주님의 파수꾼

'파수'(The watch)는 하나님께서 교회에 회복시키고 계시는 고대의 도구 중 하나이다. 그것은 이 땅에 새로운 능력을 풀어줄 강력한 중보기도라는 전략이다. 그동안 간과해온 기도의 모델이 있으니, 마태복음 26장 41절은 이렇게 말씀한다.

"시험에 들지 않게 깨어 기도하라 마음에는 원이로되 육신이 약하도다."

'파수'는 적이 오고 있음을 성안 주민들에게 경고하고 그 성의 안전을 지키는 보초를 서는 동안 시간의 단위를 정의하는 데 사용되는 군대 용어이다. 보초들은 다른 보초가 와서 교대할 때까지 자신이 담당한 시간 동안 파수를 본다(사 21:6-9). 밤은 대개 3시간 단위로 나뉘어 4명의 불침번이 파수를 본다.

마가복음에서 "밤 사경(watch)쯤"이라고 말하는 한밤 그 시간에 예수님은 제자들에게 오셨다. 그렇지만 예수님의 말씀을 듣기를 바라는 이들은 어디에 있는가? 우리 교회와 다른 사람의 기도 제목을 위해 자신의 당번 시간에 불침번을 서고 있는가? 우리가 사는 곳으로 오실 성령을 환영하는 카펫을 깔아두자. 우리는 기도에 사로잡혀야 한다(애 2:18,19).

헬라어로 'watch'는 "조심하다, 경계하다"라는 의미이다. 조심하고 경계하는 바로 그것이 기도를 감당하는 우리의 책임이다. 조심하고 경계하라는 말이 복음서에서 11번이나 반복해서 강조된다! 바울도 "기도를 계속하고 기도에 감사함으로 깨어 있으라"(골 4:2)

라고 한다.

이제 주님의 불침번이라는 역할을 회복할 때이다. 중보기도를 하는 불침번은 일어나서 성벽 위 자신의 자리를 지켜야 한다. 우리가 밤새도록 깨어 있을 때, 적은 들어올 엄두를 내지 못할 것이다. 단 한 사람이라도 잘 지키고 있다면 우리는 그 자리에서 적을 사로잡을 수 있다!

성경에 나타난 '파수'의 예들

전쟁을 포함한 새벽의 파수	출 14:24
밤새도록 그 지역을 지킴	시 101:8
하나님이 오시기를 기다림	시 130:5,6
초대 교회에서 기도하는 특정한 시간	행 3:1
아침, 오후, 저녁의 기도	시 55:17
여호와로 쉬지 못하시게 함	사 62:6,7
밤낮으로 부르짖음	눅 18:1-7
파수하며 비전(묵시)을 기록함	합 2:1-3
하나님을 바라보고 듣고 기다림	잠 8:34,35
항상 깨어 기도하기를 힘씀	엡 6:18

우리 기도를 통해 부활의 능력이 나타난다

하나님께서 마음에 품으신 세상의 모습은 언제나 중보기도자들의 기도 생활에서 먼저 발현될 것이다. 하나님께 듣고 그분의 말씀으로 기도할 때, 당신은 아직 형태를 이루지 않은 생명의 본질에 하나님의 영으로 영향을 미치는 것이다! 성령은 형태는 없어도 생명의 정수가 되신다. 그러므로 하나님은 우리가 그 말씀을 알 뿐만 아니라 기도하라고 우리를 부르신다.

우리는 하나님의 말씀을 머리로 이해하는 데서 그 말씀을 잉태하는 존재가 되는 데까지 나아가야 한다. 사람, 교회, 그리고 삶에서 분명하게 나타나 보이는 모든 선하고 거룩한 것들은 가장 먼저 기도의 모태에서 잉태되고 탄생하기 때문이다. 주위를 둘러보면 기도의 응답이 여기저기서 드러나는 것을 보기 시작할 것이다.

하나님, 저는 주님의 사랑에 사로잡혀 어쩔 줄을 모르겠습니다. 주님의 은혜
로 당신과 친밀함을 나누는 자리에 나아왔습니다. 저를 주께 드립니다. 저는
제게 주신 모든 기도 제목들을 주님이 제 기도에 대한 응답으로 일하시는 것
을 볼 수 있는 즐거운 방법으로 받아들입니다. 주님은 너무나 좋으신 분입니
다! 아멘.

THRONE ROOM PRAYER

보좌에
함께하는
통치의 자리

19

하늘로 오르는 땅의 천사들

그러나 우리의 시민권은 하늘에 있는지라

거기로부터 구원하는 자

곧 주 예수 그리스도를 기다리노니

그는 만물을 자기에게 복종하게

하실 수 있는 자의 역사로

우리의 낮은 몸을

자기 영광의 몸의 형체와 같이

변하게 하시리라

빌립보서 3장 20,21절

하나님은 인간 역사에서 지금 이 시대를 살아가는 그분의 교회에 말씀하시기를, 우리가 그리스도 안에서 '누구'인지 깨달을 뿐만 아니라 그리스도 안에서 '어디'에 있는지 알라고 하신다. 우리의 시민권은 이 땅과 하늘, 두 군데에 속해 있다. 왕의 알현실에서 보좌의 관점으로 기도하기 시작할 때, 장엄한 변화를 맞이한 이 시기에 당신이 어떻게 기도하기를 원하시는지 하나님께 여쭤보라. 하나님의 관점으로 이 땅을 살필 때 하늘의 관점으로 기도하게 되고, 그렇게 변화된 기도 방식은 영구히 지속될 것이다.

마귀가 질투하는 높은 곳에 오른 중보자들

마귀는 왜 중보기도자를 싫어할까? 간단히 말해서 중보기도가 그의 어둠의 왕국에 위협이 되기 때문이다! 중보기도자는 마귀의 전략과 계략, 속임수의 거미줄에 가장 큰 피해를 입히는 자들이기 때문에 악의 세력으로부터 예상치 못한 공격을 받곤 한다. 보좌의 중보기도자인 사람은 마귀의 질투를 받는다.

이사야서 14장 12-17절에는 "아침의 아들 계명성"이라고 불리는 자에 관한 이야기가 나온다. 그는 자만하고 반역했기 때문에 땅으로 추방되었다. 학자들은 이 문구가 명백히 사단인 루시퍼를 언급하는 것이라고 말한다. 사단이 쫓겨나게 된 사연을 들어보자.

네가 네 마음에 이르기를 내가 하늘에 올라 하나님의 뭇 별 위에 내 자리를 높이리라 내가 북극 집회의 산 위에 앉으리라 가장 높은 구름에 올라가 지극히 높은 이와 같아지리라 하는도다 사 14:13,14

- 그는 그가 올라갈 것이라고 자랑했으나 당신은 이미 높은 곳에 자리 잡고 있다.
- 그는 하나님의 뭇 별 위로 자신의 자리를 높일 것이라고 자랑했으나 당신은 이미 예수님의 보좌에 앉도록 초대받았다.
- 그는 신성한 산 위에 오를 것이라고 자랑했으나 당신은 시온산에 앉아 있다.
- 그는 구름 위에 올라갈 것이라고 자랑했으나 당신은 영광의 구름 안에 자리하고 있다.
- 그는 지극히 높은 이와 같아지겠다고 자랑했으나 당신은 그리스도와 같아지기로 되어 있다!

그래서 마귀가 당신을 미워하는 것이다. 당신은 그가 꿈꾸는 것을 다 가졌기 때문이다! 그가 애써 추구한 그 자리를 당신은 그저 얻었다. 하나님의 은혜가 당신을 그렇게 높이 올려주셨기에, 당신이 그 자리를 얻기 위해 지불한 것은 없다. 마귀는 쫓겨났지만, 당신은 하나님의 성령으로 값없이 그리고 온전히 기름부음 받았으며 그리스도와 함께 높은 곳에 앉도록 높임 받았다.

마귀는 하나님에 대해서는 손 쓸 수 없기 때문의 그의 맹렬한 질투심을 당신에게 풀려고 할 것이다. 그것이 때로는 기도로 돌파하기가 그렇게도 힘든 이유를 설명한다. 하지만 당신은 어린양의 피로 덮여 있음을 기억하라. 당신은 마귀가 찾을 수도 없는 높은 곳에 감추어져 있다(골 3:1-4).

예수 사닥다리와 그 위에 오르는 천사들

성경에는 '예수 사닥다리'에 관한 참고 본문이 적어도 두 군데는 분명히 나온다. 첫 번째는 창세기 28장에서 찾을 수 있다. 야곱은 분노한 형 에서로부터 도망치고 있었다. 이삼일 동안 걷다 보니 저녁이 되자 기진맥진했다. 땅거미가 지자 그는 벧엘에서 쉬기로 한다. 어떤 사람들은 이곳이 그의 할아버지 아브라함이 수년 전에 야훼께 제단을 쌓았던 곳이라고 믿는다(창 12:8).

속수무책, 외로운 야곱에게 새 계시가 주어진다. 야곱은 돌을 베개 삼고 하늘을 이불 삼아 차가운 땅바닥에서 잠들어 꿈을 꾼다. 꿈속에서 그는 전능자에 대한 환상을 보고 하나님의 말씀을 듣는

데, 그때 하늘까지 이어진 사닥다리, 즉 계단을 본다. 그 사닥다리에는 오르내리는 천사들이 있다. 하나님 자신이 이 천사가 가득한 계단의 맨 꼭대기에서 야곱에게 말씀하고 계신다. 두려움에 떨고 있는 야곱에게 이 얼마나 신비한 광경이었겠는가?

하늘로 오르는 계단에 대한 두 번째 참고문은 신약에 나온다. 요한복음 1장에서 예수 그리스도는 땅(그의 인간성)에서 하늘(그의 신성)로 오르는 사닥다리이심을 분명히 밝힌다. 예수님은 같은 표현을 사용하여 나다나엘에게 이같이 말씀하신다.

"진실로 진실로 너희에게 이르노니 하늘이 열리고 하나님의 사자들이 인자 위에 오르락 내리락 하는 것을 보리라"(요 1:51).

야곱은 예수님이 하늘로 오르는 계단이라는 영광된 계시를 받은 것이다!

예수님은 영적 영역으로 들어가는 유일한 입구이다. 바로 그분이 하늘의 영역으로 들어가는 길이다. 이 '예수 사닥다리'는 오르내리는 천사들로 가득하다. 그런데 이 천사는 누구를 말하는 것일까?

순서에 주목해보자. 이 천사들은 오르기를 먼저 한다. 내려오고 올라간다는 말이 없다. 만약 그들이 하늘의 천사였다면 분명 먼저 내려왔어야 한다. 오르기를 먼저 한다는 것은 이 땅을 떠나 하늘로 간다는 것이다. 그 천사들이 누구이든, 그들은 땅에서 하늘로 올랐다가 다시 땅으로 내려온다.

이 '천사들'이 바로 중보기도자들이다! 천사에는 하늘의 천사가 있고 인간인 천사들이 있다. 신약에서 '천사'를 가리키는 헬라어 단어 'angelos'(앙겔로스)는 '사자'(使者) 또는 '전달자'에 불과하다. 이 단어는 사람이나 하늘의 천사를 나타낼 수 있다.

바울은 갈라디아 사람들에게 편지를 쓰면서 그들이 자신을 마치 하나님의 천사인 것처럼 환대해주었다고 말한다(갈 4:14). 요한계시록 2장과 3장에서 요한은 일곱 교회와 그 교회의 일곱 천사에 대해 쓰라는 지시를 받는다. 그 천사들은 교회를 지키는 사자 또는 목회자들이다. 성구사전을 찾아보면 이 단어는 '목회자'를 의미한다.

구약에서는 아직 성육신하지 않으신 예수님조차 "여호와의 천사"로 나타나셨다. 창세기 18장 2절에서 세 명의 천사가 아브라함에게 오는데 이들은 "세 사람"이라고 묘사된다(창 19:1을 보라).

마태복음 24장 31절의 천사들은 종말에 추수하는 사람으로 보인다. 하나님의 천사이자 사자들이 이 땅의 모든 곳에 부활의 불꽃으로 보내질 것이다. 천사(사자)의 사역으로 엄청난 추수가 일어날 것이다.

사랑하는 이들이여, 당신과 나는 인자 위에, 즉 예수 사닥다리 위에서 오르내리는 천사들이다! 우리는 오르는 천사이다. 보좌에 앉혀진 중보기도자들은 열린 문(계 4:1)을 통해 오르는 이들이며 그들은 이 땅에서 하나님의 뜻을 행할 권세를 가지고 내려온다.

이렇게 야곱에게 주어진 계시를 예수님이 나다나엘에게 다시 말씀하셨다. 나다나엘이 "나사렛에서 무슨 선한 것이 날 수 있느냐?"라고 물을 때 그의 눈은 아래의 땅을 보고 있었지만, 예수님은 그가 열린 하늘을 보게 될 것이라고 말씀하셨다. 예수님은 종말의 열린 하늘에 대한 환상을 예언하신 것이다. 그것은 하나님의 사자들 (중보기도자들)이 어린양의 피로 인해 보좌의 자리에 허락되어 올라 갔다가, 하늘의 전략과 지혜와 영광을 가지고 다시 돌아올 것이라 는 환상이다. 하나님은 그분의 중보기도자로 임명된 사람들이 예 수 사닥다리를 올라 하나님이 하늘에서 허락하신 그것을 이 땅에 펼치기를 원하신다!

콘스탄티노플의 성 제르마노(St. Germanus)가 말한 '이 사다리 를 오르자'의 내용을 들어보자.

그리스도인의 영혼은 선지자, 사도 그리고 성직자들과 회합하도록 부름 받았습니다. 그리하여 그들은 아브라함, 이삭 그리고 야곱과 함께 그리스도라는 왕국의 신비한 만찬에 앉을 것입니다. 거기서 우리는 우리를 위해 죽으시고 아버지 하나님의 오른편에 앉아 계신 그의 베푸심을 통해 성령의 교제와 일치된 믿음 안으로 들어가기에, 더 이상 이 땅에 속한 자가 아니라 하늘에 계신 하나님의 옥좌 옆에 서게 됩니다. 거기에는 그리스도가 계시는데, 그 자신이 이렇게 말씀하신 그대로입니다. "의로우신 아버지여, 주의 이름으로 당신이 제게 주신 이들을 성결하게 하옵소서. 그리하여 내가 있는 그곳에 그들도 저와 함께 있게 하옵소서."[3]

---

3) 성 제르마노(St. Germanus of Constantinople), On the Divine Liturgy, Paul Meyendorff 번역. 101.

솔로몬의 시편(Odes of Solomon, 솔로몬의 시편으로 알려진 유다 계통의 위경서)에는 황홀한 천국 환상에 대한 언급이 여러 번 나온다. [4] 한 예를 들면 이런 것이다.

"내가 주의 영에서 안식하는데, 성령께서 나를 하늘로 들어 올리셨다."

종말의 중보기도는 예수 사닥다리를 오르는 행위가 되어야 한다. 우리는 중보기도로 부르짖음으로써 하늘로 올라간다. 올라간 다음에는 응답을 가지고 땅으로 내려오게 된다! 중보기도는 열린 하늘과 인자 위에서 오르내리는 하나님의 사자들을 보는 일이다!

지금은 하나님의 약속이 내려올 때까지 마음을 다한 기도가 올라가게 할 때이다. 우리 모두 하나님께 연합되었기 때문에 그분에게 나아감을 허락받았다(엡 2:18). 그의 문은 열려 있고, 당신과 나는 그 계단을 오를 수 있다.

당신에게 필요한 기도 응답은 땅 위가 아니라 왕의 알현실에 있으며, 그 보좌의 방은 당신의 생각보다 가까이 있다. 이곳은 선지자 이사야가 이미 말했던, 하늘로 오르는 "대로"이다(사 35:8,9, 57:14,15, 62:10). 예수 사닥다리를 올라라, 그리고 야곱이 그랬던 것처럼 당신의 계약적 약속이 이루어짐을 보라.

우리가 우리의 요청을 가지고 올라가 그 약속이 이루어졌다는

---

4) David E. Aune, Prophecy in Early Christianity and the Ancient mediterranean World, 287.

믿음을 가지고 돌아올 때 기도에 대한 응답을 찾게 될 것이다. 지금은 하나님의 산 바위틈에 숨겨진 "은밀한 곳"(아 2:14)으로 올라갈 시간이다.

사다리 꼭대기에서 하나님은 야곱에서 무슨 말씀을 하실까? 하나님은 결코 그를 버리거나 잊지 않겠다고 야곱에게 자신을 드러내신다. 은혜의 계시와 확신의 물줄기가 엇나간 야곱에게 쏟아져 내린다! 그리고 하나님은 다시 약속을 하시면서 이 마지막 날에 하늘로 오르는 모든 사람에게 그분의 축복을 새롭게 하신다.

담대하라, 천사여! 예수 사닥다리를 타고 하나님이 앉혀주신 중보기도자의 자리, 예수님의 신부라는 자리로 올라가라! 보좌에 앉혀진 중보기도자는 힘으로 왕국을 차지하는 "강포한 자들"이 될 것이다. 세례 요한의 기름부음과 열정을 가지면 할 수 없다고 말하는 사람들에게 눌리지 않을 것이다. 위대한 승리자여, 하나님의 천사여! 당신이 이 땅의 나라들에 "주님의 음성"이 될 때까지 올라가라!

오 늘 의 기 도
Today's Prayer

주님, 주님은 제가 하늘의 영광과 왕의 알현실로 들어가도록 허락하셨습니다. 제 기도가 주께 드리는 향이 되어 올라가게 하시니 감사합니다. 저는 주의 영광이 이 땅으로 흘러들게 하는 출입구와 같은 음성이 되기를 간절히 원합니다. 그렇게 만들어주소서! 아멘.

20

왕의 알현실로 열린 문

이 일 후에 내가 보니 하늘에 열린 문이 있는데
내가 들은 바 처음에 내게 말하던
나팔 소리 같은 그 음성이 이르되
이리로 올라오라 이후에 마땅히 일어날 일들을
내가 네게 보이리라 하시더라

요한계시록 4장 12절

하나님의 은혜로 당신과 하늘 사이를 가로막고 있던 모든 장벽
이 제거되었다. 주님이 당신을 위해 흘리신 성결한 피로, 당신은 하
나님 아버지 앞에 주저하지 않고 자유롭게 나올 수 있게 되었다.
얼마나 큰 기적인가! 이제 어린양의 본성이 당신 안에 있기 때문에,
하나님 앞에 나아가는 당신은 예수님을 닮았다. 지금 하나님은 그
분의 오른편, 즉 사랑과 권세의 자리에 당신을 앉히신다. 당신은 예
복이 입혀지고 관이 씌워지며 보좌의 자리에 앉혀진다. 이보다 좋을
수는 없다!

하나님의 여러 선지자가 왕의 알현실에서 보좌의 만남을 경험했
다. 그 만남은 우리가 베일을 벗으신 그리스도께 가까이 갈수록 더
늘어날 것이다. 이사야는 높은 곳에 들리신 주 하나님을 보았다.
그는 알현실, 보좌의 자리에서 불과 영광밖에 보지 못했다. 에스겔
은 자신에게 보좌가 오는 놀라운 광경과 조우했는데, 그것은 타오
르는 불, 날개, 바퀴, 그리고 눈에 둘러싸인 전차와 같은 보좌였다.
다니엘은 불의 전차와 같은 보좌가 하나님 앞에서 나오는 것을 목

격했다. 아모스, 스가랴, 그리고 다른 선지적 선견자들에게도 알현실의 만남이 있었다.

지금 그리스도께서 우리에게 오라고 초청하시는 자리가 그곳이다. 예수님의 보혈에 대한 확신을 가지고 담대히 나아가라! 그분은 요한계시록 4장 1절에서 밧모 섬에 있던 요한에게 하신 말씀을 그대로 우리에게 하고 계신다.

"이리로 올라오라 이후에 마땅히 일어날 일들을 내가 네게 보이리라."

이는 바로 세 번째 하늘로 "올라오라" 하시는 부르심이다! 요한은 이 '하늘의 열린 문'을 통해 다른 영역으로 들어갔다. 그의 환경은 완전히 달라졌으며, 나는 그의 초점도 바뀌었다고 믿는다. 앞의 두 장(계시록 2장과 3장)에서는 이 땅의 죄와 교회에 초점이 맞춰져 있었지만, 이제 그의 초점은 하나님의 보좌와 그분의 영광에 맞춰져 있다. 보좌와 그 영광이 우리를 통해 이 땅을 운영한다!

이 '하늘의 열린 문'은 육신을 넘어서는 영역, 즉 물리적이고 신체적인 감각을 뛰어넘는 영역으로 통하는 입구를 말한다. 그곳은 요한이 들어갔던 문이며, 요한이 보았던 것들을 특징적으로 나타낸다. 그는 하늘의 일들, 영적인 실재들을 보았다. 하늘에 베풀어진 보좌를 보았고, 거기서 성령의 권세와 능력과 다스림을 인지했다.

그는 보좌에서 살아있는 생물들을 보았는데, 곧 성령이 현현(顯現)한 생명의 원형이었다. 그는 보좌 한가운데에 있는 네 생물과 보좌 주변을 둘러싼 스물네 명의 장로를 보았다. 그것은 멜기세덱의

반차를 따라 영원한 능력을 가진 왕이신 대제사장의 사역이었다.

이 시간에는 주님의 목소리를 듣는 사람들이 엄청나게 많아질 것이다. 그들은 천상에 문이 열린 것과 그 문을 통해 순종하는 자들이 왕의 알현실에 들어가 비할 데 없이 탁월하고 상상도 할 수 없는 영광의 상태에 이르고 그 영광의 사역에 참여하는 것을 볼 것이다.

이 문은 어떤 문인가?

예수님이 직접 우리에게 말씀하셨다! 예수님이 말씀하신 아들의 삶과 하나님나라의 영광과 능력에 들어가는 것에 관한 이야기 중에 "나는 영원의 나라로 들어가는 문이다" 이보다 더 의미심장한 말은 없다. 그분만이 '새롭고 살아있는 길'이며 진리요 생명이시다. 예수님이 문이라니 얼마나 낯설면서도 놀라운 표현인가!

그렇다면 문이 의미하는 바는 무엇인가? 문으로 집의 내부를 판단할 수 있다. 칠이 벗겨지고 경첩이 떨어진 낡은 문인가? 그렇다면 그 문을 통해 들어가야 하는 집도 비슷한 상태로, 낡고 어지럽고 너저분할 것이다. 반면 문이 널찍하고 비싸고 장식이 되어 있으며 눈에 띄게 특색있게 만들어졌다면 그 문으로 통하는 집도 화려하고 넓고 아름다울 것이라고 예상하게 된다.

사실 그리스도를 문으로 비유한 것은 경탄할 만하다! 그분은 아들의 삶, 불멸의 생명, 영광과 능력의 삶으로 가는 문이시다. 만약 예수님을 문으로 가지는 사람이라면 그의 모든 인생 경험은 어떠해야 할까? 그리스도보다 못한 것이 되어서는 안 된다! 그 삶은 예수 님이 제자들과 그분을 따랐던 수많은 사람들에게 그러하신 만큼, 아니 그보다 훨씬 더 풍성한 것이어야 한다!

세례를 받을 때 예수님은 하늘이 열리고 하나님의 성령이 비둘기 같이 내려 자신에게 빛이 비치는 것을 보셨으며, 주 예수님 그분에 대해서 하늘에서 나는 소리를 들으셨다.

"이는 내 사랑하는 아들이요 내 기뻐하는 자라"(마 3:17).

이렇게 하늘의 문이 열리는 것은 그리스도께서 하나님의 아들로 서 대중에게 소개되는 것이었다! 열린 하늘은 그분의 '아들 되심'을 선포했으며, 그것은 예수님을 통해 하나님의 신비에 대한 완전한 계시가 시작됨을 알려준다! 당신은 "하늘의 영역으로 올라오라"라 고 부르는 소리를 들었는가? 예수님의 기도 동역자로 부름받은 사 람은 모두 그 목소리를 들었다!

하늘의 열린 문이라는 의미심장한 이 말을 읽을 때 우리 마음의 눈은 하늘을 열어주는 육중한 문이 삐걱하고 열리는 장면을 그려 볼 수 있을 것이다. 그러나 요한이 보았던 것은 이것이 전부가 아니 다! 문을 가리키는 헬라어 단어 '투라'(thura)에는 '정문' 또는 '입구' 라는 뜻이 있다. 문이나 입구는 우리에게 열려 있다!

이 단어는 또한 '현관'을 의미하기도 하는데, 그것은 어딘가로 들 어가는 첫 번째 입구라는 뜻을 나타낸다. 그곳은 지상에서 하늘로 옮겨가는 곳이다. 헬라어 단어는 그 문이 거기 있으며 '열려 있다'라 고 알려준다.

이 문은 하나님 아버지께서 성령을 통해 우리를 초대하시는 것인데, 그것은 요한이 그 문을 보자마자 즉시 "성령에 사로잡혔"거나, 그 문을 지나 왕의 알현실에 서 계신 하나님을 발견했기 때문이다. 문은 다른 영역으로 들어가기 위해 통과하는 것이다. 그 문은 그리스도의 영이요, 그 아들의 영은 하늘에 있는 왕의 알현실로 가는 열린 문이다!

> 내가 곧 성령에 감동되었더니 보라 하늘에 보좌를 베풀었고 그 보좌 위에 앉으신 이가 있는데 계 4:2

밧모 섬에 유배된 신세였지만 세상을 꿰뚫어 보는 눈을 가진 선견자가 성령에 감동되어 천국을 깊이 바라보고 '보좌를 보았다'. 이 보좌는 통치권과 권위와 능력을 나타낸다. 우리가 하나님의 통치를 제대로 이해하기 위해서는 새로운 영역, 즉 그분의 보좌로 올라가야 한다! 모든 것에 보좌가 중심이 된다. 열린 하늘에서 처음과 마지막에 보일 것은 하나님의 어린양이 계신, 중심의 보좌이다!

우리가 그리스도와 함께 그분의 보좌에서 다스리기 위해 성령에 감동되어 올라갈 때, 그것은 성소의 촛대를 떠나 장막을 넘어 우리의 영광스럽고 높으신 선두자를 따라서 가장 거룩하신 분의 알현실로 간다는 것을 가리킨다. 그것은 우리 주 그리스도와 더 넓고 깊고 높은 관계로 들어가는 것을 의미한다.

주의 보좌는 자비의 자리

장막을 통과하면서 요한은 보좌에 앉아 계신 한 분을 보았다. 이 보좌는 실제로 보혈이 뿌려진 자비의 자리이다! 우리는 여기에 앉아 예수님과 교제하도록 초대받았다(계 3:21). 우주의 보좌가 자비의 보좌라니, 하나님 감사합니다! 누구나 담대히 은혜의 보좌로 나아갈 수 있다. 예수님이 "내게 오라" 하실 때는 지리적으로 말씀하시는 것이 아니라 경험의 차원에서 말씀하시는 것이다! 그리스도께, 그리고 그리스도 안으로 가는 여정은 외면적이거나 물리적인 것이 아니라 내면적이고 영적인 것이다.

요한계시록에서 교회들에 전하는 메시지의 결론에서 주님은 이렇게 말씀하신다.

"보라, 내가 문밖에 서서 두드리노니"(Behold, I stand at the door and knock).

예수님이 그냥 '문'(a door)이나 '너의 문'(your door)이라고 하시거나 어떤 특정한 문으로 부르지 않으셨다는 것에 주목하라. 예수님은 '그 문'(the door)이라고 하신다. 그것은 구체적인 문으로, 누구나 당연시하는 정체성을 가진다. 예수님이 두드리시는 그 문이 일곱 촛대와 왕의 알현실을 가로막고 있는 바로 그 문이라는 것은 명백하다. 그 문은 성소와 지성소를 나누는 장막과 같다!

먼저, 주님은 문밖에 서서 두드리신다. 주님은 우리를 그분의 보좌로 들어 높이고 모든 것을 이기게 하시겠다는 그 약속을 이행하신다. 그런 후에 바로 두 구절 뒤에서 요한은 이렇게 말한다.

"이 일 후에 내가 보니 하늘에 열린 문이 있는데"(계 4:1).

요한은 그 문을 통해 보좌를 보았다! 이 신비를 알겠는가? "하늘에 열린 문"은 예수님이 두드려서 여신 바로 그 문임이 분명해 보인다. 그 문은 촛대와 보좌라는 두 영역 사이에 놓인 문이다!

그리스도는 우리와 함께 잔치를 여시려고 하늘에서 우리에게 오신다. 이는 그분이 '그 문'을 통해 '내려오실지라도' 우리가 그 문을 열어야 한다는 뜻이다! 그분은 식탁을 베푸시고 그 자신에 대해, 그리고 그분의 말씀과 그분의 방식과 그분의 뜻에 대해 우리에게 직접 가르치신다. 예수님은 함께 먹고 마시는 이 거룩한 친밀함 안에서 우리가 더 충만하고 더 완전하게 그분을 알고 경험하게 하신다!

그리고 우리가 그 문을 열었기 때문에 그 문은 이제 천국을 향해 활짝 열려 있다! 그리스도는 우리와 함께 잔치를 벌이기 위해 그 문으로 들어오셨으며, 이제 그 식사에서 일어나 우리에게 그 문을 지나 그의 보좌로 함께 들어가자고 하신다!

천국은 당신이 일어나 더 높은 곳으로 올라오도록 부르고 있다. 신나고 즐거운 일들이 당신이 오기를 기다린다. 보좌의 지역은 유리 바다 위에서 예수님과 함께 기도하는 곳이다. 다음의 말씀은 예수님이 사랑하는 모든 이들 각자에게 주시는 메시지이다. 우리는 그의 사랑을 받는 자들이기 때문이다.

나의 사랑하는 자가 내게 말하여 이르기를 나의 사랑, 내 어여쁜 자야
일어나서 함께 가자 겨울도 지나고 비도 그쳤고 지면에는 꽃이 피고

새가 노래할 때가 이르렀는데 비둘기의 소리가 우리 땅에 들리는구나 무화과나무에는 푸른 열매가 익었고 포도나무는 꽃을 피워 향기를 토하는구나 나의 사랑, 나의 어여쁜 자야 일어나서 함께 가자 아 2:10-13

◆ 오 늘 의 기 도 ◆
Today's Prayer

예수님, 기도하라고 저를 부르시는 당신의 목소리가 들립니다. 저는 이제 당신을 찾기 위해 일어서겠습니다. 당신을 찾으면 당신과 완전히 하나가 되기까지는 놓아드리지 않겠습니다. 주님의 기도 동역자가 되어 함께 달릴 것입니다! 아멘.

보좌에 앉으신 이

보라 하늘에 보좌를 베풀었고
그 보좌 위에 앉으신 이가 있는데

요한계시록 4장 2절

THRONE ROOM PRAYER

요한이 하늘로 올라가 보니 보좌에 누군가 앉아 있었는데, 그는 형체가 없이 오직 광채뿐이었다! 요한은 성령에 사로잡혀 최상의 경지, 천상의 영적 실재 속에 섰다. 그가 본 이는 성령이셨다(요 4:23,24). 요한은 무소부재하게 펼쳐진 천상 세계의 황홀한 장관 속에 앉아서 다채로운 빛 가운데 계신 그분을 바라보았다. 자연물의 형체는 아니었지만, 요한은 성령 안에서 성령을 통해 그분을 볼 수 있었다.

　요한은 먼저 전능하신 하나님의 보좌가 베풀어지는 것을 분명히 보았는데 이 아름다운 보좌는 모든 것을 다스리는 권능과 능력과 권위로 세워진 것이다. 그 자리에는 누군가 앉아 있었다. 보좌에 앉아 계신 분은 사명을 다 마치고 앉으신 어린양을 의미한다! 마지막 때에 사람들을 정결하게 하기 위한 모든 일은 다 이루어져 있었다! 이기는 자는 주님의 보좌에 함께 앉게 하여주신다는 말씀(계 3:21)과 같이 우리가 주님과 함께 앉도록 초대받는다는 것은 나를 전율케 한다!

하나님의 이 보좌는 영원의 세계에 고정된 것이 아니다. 새롭고 생생하며 보다 발전되어 나타난 영광스러운 계시와도 같은 보좌이다. 요한은 그 보좌가 천국에서 오래전부터 있어 온 것이 아니라, 이제 막 자리를 잡고 있는듯한 느낌으로 본다. 요한이 천상의 세계에서 일어나고 있는 일을 목격하는 동안 그 보좌가 세워지고 있었기 때문이다! 그것이 헬라어 원문이 전달하는 뉘앙스이다. 원문의 표현은 아직 다 마치지 못한 상태에서 느껴지는, 그리고 보고 있는 바로 그 순간에 비로소 완성을 이룬 것 같은 긴장감을 전달한다.

어쩌면 하나님의 모든 계획이 시대에 따라 진행되며 발전하듯이 보좌도 그렇게 발전하고 있다고 볼 수 있을 것 같다. 영적인 성전으로 세워진 그리스도의 몸도 성장하고 성숙하고 있는 것이 아닐까? 그리고 그리스도의 신부는 결혼의 연합을 준비하며 성숙해가는 단계가 아닐까? 하나님의 나라 또한 계속 확장되고 있으며, 하나님의 통치와 권세 또한 한계가 없을 것이다.

생명의 차원에 실재하는 천국

하늘, 천국(heaven)을 뜻하는 헬라어 '우라노스'(ouranos)는 신약성경에 275번이나 나온다. 이 말은 '고도, 높은 곳, 열광적인 기쁨, 탁월' 등을 뜻한다. 따라서 우리가 "나의 보좌는 지극히 높으며, 높은 곳에 있으며, 기쁨의 절정이며, 탁월하다"라고 말한다면 제대로 이해한 것이라 할 수 있다. 사랑하는 이여, 그것이 신약성경에 나타난 천국에 대한 중심된 생각이다!

'ouranos'는 눈에 보이는 파란 하늘 그 이상의 장소이다. 그곳은 높은 곳이요 영광의 정점이자 탁월함과 절정을 뜻하며, 하나님의 위엄과 권세이자 무한한 영역을 통치하고 다스리는 능력을 의미한다. 이 권세는 성령 안에서, 성령을 통해 주어진다. 하나님은 영이시며 어떤 물질적인 보좌에 앉으시는 분이 아니기 때문이다.

천국은 우리가 볼 수 있는 것이지만, 무한하고 광활한 우주 어디엔가 존재하는 행성과 같은 것은 아니다. 그것은 영적인 공간이며 하나님이 실재하시는 영역이다. 생명이 있는 곳이며 물리의 세계를 초월하는, 보이지 않는 영의 세계이다. 하나님이 어느 곳이나 계신 것처럼 그것은 어디에나 존재한다.

그리스도는 가장 높은 곳으로 오르셔서 천국과 이 땅을 다스릴 모든 능력과 모든 권세를 받으셨다! 그리스도가 바로 그 문, 왕의 알현실로 가는 '관문'이시다! 그 문은 항상 열려 있으며, 사랑하는 주님이 왕의 알현실로 들어오라고 위엄 있는 목소리로 우리를 초대하고 계신다! 우리를 기다리고 계시는 그곳은 얼마나 놀라운 곳인가!

어디에나 존재하는 무소부재의 보좌

보좌기도를 하기 위해서 보좌가 있는 어떤 영역으로 올라가야 하는 것은 아니다. 보좌의 자리는 우리가 호흡하는 공기보다 가깝고, 혈관을 통해 흐르는 피보다도 가깝다. 우리 안에 있는 하나님

나라의 능력에는 한계가 없다. 사실 왕의 알현실은 지금 우리 안에 계시는 그리스도 안에 있다! 보혈과 은혜로 거룩해진 우리의 영이 바로 우리 인생의 주인이요 왕 되신 그리스도가 계신 보좌의 자리, 왕의 알현실이다.

보좌기도는 영적 존재의 차원에서 드리는 기도이며, 우리가 원할 때면 언제든지 천국으로 들어갈 수 있고 그 문은 항상 열려 있다는 것을 발견하게 해주는 기도이다. 우리는 눈으로가 아니라 믿음으로 하나님께 가까이 나아가며, 우리 안에 계신 그리스도로부터 부요함과 능력을 얻는다. 보좌의 영역에서는 우리는 실제로 그 모든 것을 볼 수 있다!

하나님께서 무소부재하시다면 그분의 보좌도 모든 곳에 존재한다. 온 하늘을 채우시는 하나님을 이 땅에서 볼 수 있는 의자 형태의 보좌로 제한할 수 없으며, 하나님의 영광을 의자에 꽉꽉 눌러 넣어 거기 앉아 계시게 할 수 없다. 하늘이 그분의 보좌이다(사 66:1 ; 행 7:49). 하나님께서 거하시는 곳이 그분보다 더 작거나 더 제한적일 수는 없다! 광활한 하늘의 영역이 온통 그분의 보좌이다.

하늘이 그분의 보좌라는 말은 그분이 성령으로 모든 영의 세계를 다스리고 통치하신다는 뜻이다. 만일 우리가 하늘의 이쪽 끝에서 저쪽 끝까지 성령의 범위를 측량할 수 있다면 그때는 그 보좌의 크기를 측정할 수 있을 것이다.

하나님은 손으로 만든 건물에서 살지 않으시며, 손으로 만든 의자에 앉지도 않으신다. 하나님을 저 푸른 하늘 위 어딘가의 제한된 장소에 놓인 유형(有形)의 왕좌에 앉을 수 있는 물리적이고 제한적인 존재로 보아서는 안 된다. 하나님은 영이시며 하늘이 그분의 보좌이고, 무소부재하신 그분은 어디에나 존재하신다. 이는 그분의 보좌가 영적인 보좌이며 어디에나 있다는 뜻이다.

이해하기 쉽도록 간단히 정리하면, 보좌기도란 성령에 의해 보다 높은 영적 세계로 들어가 하나님 앞에 우리의 기도를 올려드리는 것이라 하겠다. 그러므로 천국은 멀지 않다! 하나님은 어디에나 계시며 그분의 보좌도 어디에나 있는 것이다. 하나님의 보좌는 그분의 전능하신 능력과 권세와 주권의 강력한 상징이기 때문이다.

하나님의 보좌에 연결되기 위해 우리 몸이 어딘가로 갈 필요가 없다. 그 여정은 영적인 것이다! 그 보좌는 우리 주변에 있고, 우리 안에 있으며, 하나님께서 존재하고 거하시는 영적 세계 모든 곳에 동일하게 존재한다. 우리는 그리스도와의 연합과 그분의 능력을 통해 우리 안에서 보좌를 경험하거나 그곳으로 올라갈 수 있다.

하나님은 우리를 보좌의 경험으로 부르신다

요한계시록에서 '보좌'라는 단어는 30번 나오고 4장에서만 12번 나타난다. '12'는 통치의 권위를 나타내는 신성한 숫자이다. 보좌 위에 앉으신 그분이 온 우주를 다스리고 통치하신다. 하나님이 모든 영의 세계를 다스리며 책임지는 분이심을 아는 것은 우리의 기도 생활에서 정말 중요하다.

하지만 하나님은 우리가 그분의 권세를 만나고 그 권세가 이 땅에서도 이루어지는 보좌의 경험을 하도록 우리를 부르신다. 우리는 왕이자 제사장으로 이 땅을 다스리도록 부름 받았다.

'통치'(reign)라는 단어를 번역한 히브리어 '말라크'(malak)에는 "다스리다, 보좌로 올라가다, 왕위에 오르다"라는 뜻이 있다. 따라서 하나님의 보좌를 함께 누리기 위해 "올라오라"라고 부름받는 것은 그 보좌로 올라가서 보좌에 속한 왕의 권위를 누리도록 부름받는 것이다!

선택받은 자로서 하나님의 음성을 듣고 그분의 부름에 속히 응할 때 우리는 하나님 안에서, 그리고 하나님과의 더 깊은 관계 안에서 그리스도의 바로 그 보좌로 올라가고 있는 것이다. 그리스도와 함께 왕노릇하기 위하여 그분이 다스리시는 왕국, 그분의 보좌에 오르는 것이다! 우리는 보좌에 앉혀지고, 예복을 입으며 관을 쓰게 된다!

보석으로 표현된 보좌의 영광

앉으신 이의 모양이 벽옥과 홍보석 같고 또 무지개가 있어 보좌에 둘렸는데 그 모양이 녹보석 같더라 계 4:3

하나님은 형태가 없이 오직 빛이셨다! 보좌에 앉으신 그분을 보았을 때 요한은 자연적인 형체를 보고 있는 것이 아니었다. 요한은 성령께서 인도하시는 가장 높은 경지의 영적 세계에 사로잡혀 실재하는 천국에 서 있었다. 요한이 보았던 주님은 '성령'이시다(요 4:23,24).

요한이 본 것은 색채요 빛이었는데, 이는 하나님이 빛이시기 때문이다. 수정과 다이아몬드처럼 빛나는 하나님의 영광이 붉은빛과 에메랄드 무지갯빛과 섞여 있었다. 요한은 하나님의 존재가 왕의 알현실로부터 흘러나와 찬란하게 빛나며 요동치는 것을 보았다. 이것이 당신이 유리 바다에서 예수님과 함께 기도할 때 다가오실 하나님의 모습이다.

벽옥

벽옥(수정)은 대제사장의 흉패에 붙이는 보석 중 마지막(네 번째 줄의 셋째 돌) 보석이었으며(출 28:20), 아마도 다이아몬드를 가리킬 것이다. 벽옥 다이아몬드의 화려함과 하나님의 존재 자체인 광채는 사방으로 빛을 내뿜는다. 다이아몬드는 고귀하여 누구나 소중히 여기며, 단단하여 부서지지 않는다. 하나님의 보좌가 바로 이와 같다! 빛나는 다이아몬드와 같은 보석, 이것이 요한이 하나님 아버지에게서 뿜어져 나오는 광채를 보았을 때 그에게 나타내 보이신 하나님의 모습이었다.

홍보석

이 핏빛 붉은 보석은 대제사장 아론의 흉패 첫 줄에 있는 첫 번째 보석이다(출 28:17). 홍보석(루비)은 뜨거운 열정으로 힘차게 뛰는 하나님의 심장에 비교할 수 있다.

우리가 왕의 알현실에서 발견한 이 진리는 얼마나 놀라운가! 처음과 나중 되시고 시작과 끝이 되시는 우리의 대제사장 예수 그리스도께서 바로 흉패의 첫 보석과 마지막 보석의 모습으로 나타나신다. 형언할 수 없는 영광! 그 광경은 눈부시게 빛나는 광채이다!

녹보석 무지개

하나님의 보좌를 에메랄드(녹보석)빛 무지개가 두르고 있는데, 그것은 하나님의 자비를 말한다. 하나님께서 보좌에서 하시는 모든 일은 자비로 덮여 있다. 이 무지개는 일곱 빛깔을 가진 전형적인 무지개가 아니다. 그것은 보좌를 둘러싸며 빛을 내는 후광에 더 가깝다. 반원이 아니라 완전한 원의 형태이며 어쩌면 보좌 주변에 수평이나 수직으로 존재하는 것일 수도 있다. 헬라어로는 "에메랄드 무지개"로도 번역된다.

에메랄드 무지개는 하나님의 자비와 그분의 언약적 사랑을 가리킨다. 이는 하나님께서 다시는 홍수로 세상을 멸하지 않겠다는 증표로 노아에게 무지개를 보여주셨기 때문이다.

보좌 주위의 무지개는 하나님께서 하시는 모든 일(그분의 위엄 있는 보좌에서 나오는)이 은혜와 자비로 둘러싸여 있다는 분명한 상징이 될 수 있다. '에메랄드'를 가리키는 히브리어는 '바레케스'(bareqeth)라고 하는데, '빛의 섬광'으로 번역될 수 있다. 하나님의 영광은 벽옥, 홍보석, 녹보석 이 세 보석으로 표현된다.

기도로 하나님 앞에 나아갈 때 우리는 우리를 기다리는 에메랄드 무지개라는 자비의 약속으로 나아가는 것이다! 우리는 아버지의 사랑을 받는 아들과 딸로서 은혜와 자비의 보좌 앞으로 나아간다. 우리의 기도는 언제나 이 자비의 계시에 뿌리 박고 근거를 두어야 한다. 이 무지개의 초록빛은 심판이 아니라 생명을 가리킨다. 노아에게 증표로 주신 무지개는 생명에 대한 약속이며, 하나님의 보좌에 둘린 무지개는 하나님을 사랑하는 이들에게 주어진 자비와 생명의 약속이다.

자비하심이 보좌의 자리로 오는 당신을 기다린다. 가장 높으신 하나님의 위대한 아들과 딸로서 당신의 자리를 차지하라. 하나님은 당신에게 풍성한 생명과 흘러넘치는 자비와 말로 다 할 수 없는 은혜를 주려고 기다리고 계신다!

오 늘 의   기 도
Today's Prayer

자비의 아버지, 은혜가 풍성하신 하나님, 이제 제가 천상에서 당신 앞에 나아갑니다. 저는 당신이 사랑하며 기뻐하시는 자녀입니다. 저는 당신 앞에 설 때 비로소 참된 안식을 누립니다. 저를 당신에게서 멀어지게 할 두려움이 사라지게 하소서. 아버지의 생명과 자비로 저를 깨끗케 하옵소서. 제가 당신을 얼마나 사랑하는지 말씀드리려고 아버지께 가까이 나아갑니다. 제가 당신 곁을 떠나고 싶지 않도록, 영광의 구름이 가득한 방으로 저를 거듭거듭 인도하여주소서. 주의 거룩한 이름으로 기도합니다. 아멘.

22

이십사 장로

또 보좌에 둘려 이십사 보좌들이 있고
그 보좌들 위에 이십사 장로들이
흰옷을 입고 머리에 금관을 쓰고 앉았더라

요한계시록 4장 4절

영광스러운 하늘나라에는 보좌가 하나만 있는 것이 아니다. 요한이 성령 안에 사로잡혀 있을 때 그는 하나님의 보좌 주변을 빙 둘러싼 보좌들을 본다. 이 이십사 보좌는 경배하기 위해 모인 장로들을 위한 것이었다. 성막 주변에 모인 이스라엘의 열두 지파와 같이 이들 장로는 영광의 보좌 주변에 모인다. 그렇다면 이십사 장로는 누구이며 이십사 보좌는 무엇을 상징하는가?

어떤 학자들은 그들을 하나님의 장관으로 일하는 천사와 같은 존재라고 추측한다. 하지만 요한계시록 5장에 어린양의 보혈로 구속된 장로들이 찬양하는 장면이 나오기 때문에 그 해석은 그다지 설득력이 없다. 구속을 경험하는 것은 천사가 아니라 우리 인간이기 때문이다!

어떤 사람들은 그 24명의 장로가 성경 속 24개의 선지서들을 나타낸다고 본다. 또 다른 사람들은 천국에서는 하나님을 향한 경배가 그치지 않는다는 점을 이야기하면서 그 장로들을 하루 24시간의 비유일 것이라고 보기도 한다.

이러한 해석들은 일부 설득력이 있긴 하지만, 이십사 장로에 대한 분명한 진실은 그들이 구속받은 이 땅의 남자와 여자, 유대인과 이방인을 대표한다는 것이다. 신약성경은 우리를 '유대인'(12개 지파로 이루어진)과 '교회'(선택된 12명의 사도로 이루어진)에서 온 "한 새 사람"이라고 말한다.

이십사 장로에 대한 단서

다음 구절들을 통해 이십사 장로들에 대해 성경이 어떻게 말하고 있는지 자세히 살펴보자.

보좌

이십사 장로들은 각자 보좌에 앉아서 그리스도와 함께 통치하고 있었다. 주님은 우리를 그분과 함께 보좌에 앉아서 통치하고 다스리는 왕과 왕비로 삼으셨다. 그를 믿는 모든 자는 하나님과 함께 보좌에 앉는다! 신비 중의 신비이다! 하나님은 그분의 알현실을 그분의 백성들과 공유하신다!

흰옷

장로들은 흰옷을 입었으며, 그 흰옷은 그리스도의 의로우심을 상징한다. 이것은 제사장의 예복이며, 그분은 우리를 제사장으로 삼으셨다(레 6:10, 16:4). 그 제사장의 역할은 예배와 중보, 그리고 하나님의 마음을 사람들에게 알리는 것이다.

우리는 영원히 하나님을 가장 잘 대변하며, 앞으로도 다른 사람들에게 그분의 영광을 중재할 하나님의 제사장들이다. 하나님의 겸손은 그분을 대표하는 존재로 우리를 선택하시는 데서 눈부시게 빛난다. 흰색은 순결이나 거룩의 색이다. 오래 견디거나 이기는 사람들에게는 깨끗하고 환한 세마포를 주셨다(계 3:4,5,18, 6:11, 7:9,13, 15:6, 19:8,14).

관

장로들은 관을 쓰고 있다. 하나님은 우리에게 영광과 존귀의 관을 씌우셨다. 장로들이 쓴 관은 금관이었다. 신약성경에는 다른 형태를 가진 두 종류의 관을 설명하는 헬라어 단어들이 나온다. 하나는 통치자의 왕관인 '디아데마'(diadema)이고, 다른 하나는 승리자의 관인 '스테파노스'(stephanos)인데 이것은 그리스의 운동 경기에서 이긴 자에게 씌워주는 것이었다.

요한계시록 4장 4절에 나오는 관은 '스테파노스'로, 왕관이라기보다는 승리자의 관을 말한다. 그 관은 어린양의 보혈로 '짐승'과 싸워 이긴 승리자에게 주는 금관이다.

우리는 보좌에 앉으며, 예복을 입고 관을 쓴다. 이 모든 것은 예수님이 이루신 일 덕분이다. 이십사 장로(승리자의 비유)는 그들의 인생에서 죄와 싸워 크게 승리한 것에 대한 보상을 받았다. 천사들에게는 죄를 이긴 승리에 대한 보상이 없다. 그들은 죄를 지으면 심판을 받을 뿐이다.

요한계시록의 관은 인내와 오래 참음에 대한 것이며 오직 승리자나 극복한 자에게 주어진다는 약속이다(계 2:10, 3:11). 이 승리의 관은 신실함과 인내를 의미한다. 기도로 하나님 앞에 나아올 때 그분이 당신을 위해 하신 이 일을 기억하라. 흰옷을 입히고 관을 씌워 당신을 보좌에 앉히신 것을.[5]

빛나는 흰옷을 입은 이십사 장로는 보좌를 둘러싼 제사장들이다. 그들은 중보하고 예배하고 하나님의 마음을 움직이며 그분의 권세를 공유한다. 그들은 영원히 하나님 앞에서 하나님과 함께 다스리기 위하여 보좌에 앉은 왕 같은 제사장들이다.

역대상 24장 19절을 보면 다윗 왕이 레위 족속의 제사장 직분을 가문별로 24개의 그룹으로 나누어 그들이 돌아가며 성막에서 하나님을 섬기게 한 것을 알 수 있다. 이 24개의 그룹은 그 이십사 장로의 지휘를 받았다! 왕의 알현실에서 우리는 이십사 보좌들에 앉아 그리스도와 함께 다스리는 제사장들의 모습을 본다. 통치하는 제사장들을!

---

5) 보좌의 자리인 왕의 알현실에 대해 온라인으로 더 깊이 연구하려면 www.tptbible-school. com/courses를 찾아보라.

보좌의 자리에서 우리가 만나게 되는 것

그리스도를 계시하는 광경과 소리

보좌로부터 번개와 음성과 우렛소리가 나고 보좌 앞에 켠 등불 일곱
이 있으니 이는 하나님의 일곱 영이라 계 4:5

놀랍지 않은가! 보좌의 자리로 들어갈 때 우리는 하나님의 크신
영광이 이르게 하는 번쩍이는 번개를 보고, 예배자들 위로 우레와
같이 울려 퍼지는 소리를 들을 것이다. 전능하신 하나님을 찬양하
는, 폭포 소리와도 같은 음성도 듣게 될 것이다. 이런 광경과 소리
는 모두 무엇을 나타내는 것일까? 그것은 우리 안에 계신 그리스도
를 더 잘 알도록 계시하고 있는 것이다.

- 번쩍이는 번개는 원수를 멸하시는 하나님의 크신 능력을 나타낸다.
  예수님은 70인을 보내시고 그들이 돌아오자 "사탄이 하늘로부터 번
  개같이 떨어지는 것을 내가 보았노라"(눅 10:18)라고 말씀하셨다.
  마태복음 24장 27절에서는 그리스도가 동편, 즉 성전의 문에서 번개
  같이 임하실 것이라는 내용을 볼 수 있다.

- 우렛소리는 그리스도를 드러내시고, 보좌에 함께 앉은 우리를 통해
  천둥이 울려 퍼지듯 그리스도의 영광을 나타내시려는 하나님 마음의

깊은 갈망이다!

- 음성은 하나님께서 사랑하시는 자들이요 하늘의 예배자들이며 하나 님의 아들들로 인정받은 자들의 목소리이다. 그들 안에 계신 그리스 도와 함께 그들은 세상을 향해 외치는 목소리가 된다.

- 출애굽기 20장 18,19절을 보면 시내산에 이와 똑같은 번개와 우레가 나타나는데, 사람들은 그 현상을 견디지 못하고 모세에게 "주께서 우리에게 말씀하지 않게 하소서 우리가 죽겠나이다"라고 애원한다. 그러나 요한계시록 4장에서는 하나님의 백성들이 귀를 열어 그 음성 을 들었고, 이제는 그 보좌에서 자신들이 그 음성이 된다.

하나님의 일곱 영

보좌로부터 번개와 음성과 우렛소리가 나고 보좌 앞에 켠 등불 일곱 이 있으니 이는 하나님의 일곱 영이라 계 4:5

보좌 앞에는 등불 일곱 개가 타오르고 있다. 이는 일곱 가지가 달린 등잔대를 가리킨다(출 25:31-37). 하나의 순금 등잔대에 일곱 개의 등잔이 달려 기름이 타고 있었다(슥 4:2). 등잔대의 각 가지는 하나님의 일곱 영을 상징한다. 하나님의 일곱 영이 빛과 영과 보좌 의 계시로 타오르고 있다! 이것이 바로 유리 바다 위에서 예수님과 함께 기도하기 위해 그분과 함께할 때 우리가 마주할 장면이다!

불이 타고 있는 등잔은 더 많은 계시를 위해 하나님의 백성들을 불붙게 하고 있었다. 그것은 하나님의 성령이 일곱 가지의 모습으로 나타난 현현이다. 성경에서 '7'은 히브리어로 가장 신성한 숫자이며, 영적인 완전함과 완벽함을 뜻한다. 영적 완전함과 완벽함을 상징하는 하나님의 일곱 영은 성령의 충만함을 드러내는 그림이다.

이 일곱 등불은 아들의 일곱 영을 나타낸다(사 11:1-5). 이것은 하나님의 맏아들에게 부여된 안식을 주시고 계속해서 안식하게 하시는, 아들을 향한 일곱 배의 기름부음이다! 이 위대하고 영광스러운 기름부음은 마지막 날에 하나님의 아들로 드러난 모든 이들 위에 행해질 것이다. 우리는 하늘에서 그러한 것처럼 이 땅에서도 하나님의 왕이자 제사장으로 살아가기 위해 온전히 일어나리라!

수정 유리 바다

보좌 앞에 수정과 같은 유리 바다가 있고 보좌 가운데와 보좌 주위에 네 생물이 있는데 앞뒤에 눈들이 가득하더라 계 4:6

하늘의 회의장은 바닥이 투명한 수정으로 되어 있고, 시선이 닿는 저 멀리까지 온통 사파이어로 깔려 있다. 무지개의 모든 영광과 다채로운 빛이 수정 바다에 거울처럼 비친다. 요한계시록 15장 2절을 보면 그 바다는 타오르는 불과 섞여 있다. 이곳은 수십억의 성도와 천사들이 모이는 곳이며, 보좌 앞의 대형 회의장이다. 이곳은 호수나 연못 정도가 아니라 유리 '바다'이며, 그 광활한 바다는 평화와 영광으로 가득하다. 이곳이 사랑의 아버지 앞으로 중보기도를 드리러 나아가는 장소이다.

악인은 쉼 없이 요동하는 바다와 같다(사 57:20,21). 그러나 의인들은 아름답고 고요하고 잔잔하며 평온한 평화의 바다(시 89:9)에 모인다. 하나님은 홍해를 갈라서 구원받은 이스라엘 백성들이 안심하고 건너게 하셨다. 예수님은 이 땅에 사실 때 거센 바다의 파도를 잠잠하게 하셨다. 유리 바다의 평화로움은 '인간의 바다'가 요동하는 모습과 대조된다. 유다 또한 자연인을 묘사할 때 "자기 수치의 거품을 뿜는 바다의 거친 물결"(유 13)이라고 말했다.

천국은 풍랑이나 요동치는 바다 없이, 평온함만이 있을 뿐이다. 어린양은 그분의 보좌에서 다스리시며, 그분이 사랑하시는 자들이 수정 바다 위에 모인다. 어린양은 밑에서 들끓는 바다를 다스리고 모든 폭풍을 잠잠케 하신다! 우리 안에 계시면서 우리에게 평안과 확신, 진리를 주시는 하나님과 그분의 영에 의해 모두가 잠잠하게 되고, 그다음에는 평강이 따라온다.

이 유리 바다는 어린양의 다스림을 받으며 평안으로 가득 찬, 영원히 그리고 완전히 변화된 신자들을 나타낸다. 인류의 바다에서는 짐승이 나오지만, 천국의 바다에는 어린양의 성품으로 주어진 평화가 있다.

요한계시록을 더 읽어나가면 불이 섞인 유리 바다 위에 서 있는 승리자들이 보인다(계 15:2). 그들은 하프로 연주하며 구원의 노래, 승리자의 노래인 모세와 어린양의 노래를 부른다! 그들은 이제 더이상 바다에 빠지거나 파도에 시달리지 않는다. 그들은 바다 위에서 있다. 이러한 묘사가 주는 메시지는 분명하다.

수정 유리 바다는 그들이 서 있는 곳의 특성을 말한다. 그들의 걸음은 이제 안정되고 투명해졌다! 밑에서 발을 받치는 물질이 단단하고 밝고 맑다는 사실은 그것들이 순수하고 완전하며 거룩하신 그리스도의 성품에 뿌리를 내리고 있다는 사실을 보여준다.

요한은 이 유리 바다를 두 번 보았는데, 그 두 번의 묘사에서 모두 사람과 어떤 존재의 상태에 대해 상징적인 관점을 제공한다. 유리는 모래를 녹여 만든다. 각각의 모래알(사람)이 녹아서 하나가되는 것이다. 요한은 이 유리 바다가 불과 섞여 있는 것을 보는데, 그것은 고난의 용광로를 통과하는 장면이다. 하나님은 이렇게 말씀하신다.

"보라 내가 너를 연단하였으나 은처럼 하지 아니하고 너를 고난의 풀무 불에서 택하였노라"(사 48:10).

그리스도의 형상으로 지음 받아 그를 닮은 이들은 신령한 연합으로 함께 묶여 있다. 요한은 전체 구속된 이들을 수백만의 모래알 각각이 아니라 하나의 몸으로, 심지어는 수정 유리 바다로 본다!

유리 바다는 또한 청동 제단과 성막 사이에 있는 물두멍(놋대야)을 지칭하기도 하는데 그것은 제사장들이 하나님께 나가기 전에 씻는 용도로 사용된다(출 30:18-19). 그 물두멍은 이스라엘 백성들의 청동 거울을 녹여서 만들었다(출 38:8). 물두멍의 거울로서의 측면은 그리스도께서 우리와 얼굴을 마주하는 관계를 통해 우리의 불완전함을 드러내어 보여주신 다음 그것들을 씻어주시는 방법을 나타낸다. 당신이 지성소에 들어갈 준비를 하는 곳, 정결하게 하는 곳이 바로 물두멍이다! 사파이어 거울인 유리 바다는 우리에게 아직 부족한 것과 우리가 순복할 것이 무엇인지 알려준다.

장로들은 허리를 굽히면서 거울에 비친 자신을 보고 재빨리 자신이 쓰고 있는 왕관을 벗어서 그 왕관에 걸맞은 어린양에게 드렸다. 그들은 등잔대의 빛으로 자신의 모습을 보았고 그 영광을 그리스도께 돌렸다(고후 4:6). 하나님 앞에 나아가면 당신도 그 영광 안에 서고 사랑으로 씻기어서 그분에게 당신의 요청을 내어놓을 수 있게 된다.

오늘의 기도
Today's Prayer

영광스러운 아버지여, 지금 하늘의 영역에서 주께 나아갑니다. 제가 들어갈 수 있도록 주께서 제게 문을 열어주셔서 주님과 교제하게 되었습니다. 이제 제가 주의 오른편 보좌에 앉아 중보기도 하는 중보자의 소명으로 들어갑니다. 의의 흰옷을 입히시고 머리에 승리의 금관을 씌워주시니 감사합니다. 주 앞에 삼가 자리하였으니 주의 보좌 앞에 저의 기도 제목을 놓겠습니다. 아멘.

23

보좌에 앉은 중보기도자

또 함께 일으키사
그리스도 예수 안에서
함께 하늘에 앉히시니

에베소서 2장 6절

우리는 하나님께서 더 주실 것이 없을 만큼 이미 예수 그리스도 안에서 모든 것을 받았다! 사랑하는 형제여, 당신은 천국이 줄 수 있는 모든 축복을 받은 자이다(엡 1:3). 그것도 당신이 죽은 후가 아니라 바로 지금! 당신은 당신이 영원히 존재할 천국에 들어갈 준비가 되어 있다. 당신은 하나님의 사랑을 받는 자녀로 온전히 의롭게 되었으며, 온전히 용서받았다! 그분은 당신을 좋아하신다!

그분은 당신의 음성을 달콤하게 여기며 그 음성 듣기를 기뻐하신다(아 2:14). 당신이 아버지 하나님 앞에 나아갈 때, 하나님은 당신을 예수님처럼 보신다. 그분의 아들을 받고 사랑하시듯 당신을 받고 사랑하신다(엡 1:6).

자신의 모습이 있는 그대로 받아들여진다면 어떤 느낌이 들까? 그리스도인으로서 당신의 유업은 예수 그리스도를 닮아가는 것이다. 하나님 아버지는 그 아들을 사랑하셔서 천국을 그와 같은 사람들로 채우기로 결심하셨다! 그리고 날마다 당신이 더욱 그 아들을 닮아가도록 당신 안에서 역사하신다. 당신의 인생에 일어나는 모든 일은 예수님과 함께 세상을 다스리고 통치할 수 있도록 당신을 훈련시키는 것이다. 당신은 다스림을 배우며 통치를 훈련받고 있다. 당신의 운명은 이미 정해졌다. 당신은 "그 아들의 형상을 본받게 하기 위하여 미리 정하"신 사람이다(롬 8:29).

중보기도자들을 향한 부름

보좌로 올라오라

하나님의 사랑하는 아들인 당신은 이미 하늘의 보좌로 안내되어 들어왔다. 은혜가 당신을 본향으로 불러온 것이다. 당신이 하나님 아버지께 기도할 때는 보좌에 앉으신 그리스도 예수 안에서 하늘의 자리에 앉아 기도하는 것이다. 다음 성경 말씀을 주의 깊게 읽고, 다시 읽으면서 마음에 새겨라.

"또 함께 일으키사 그리스도 예수 안에서 함께 하늘에 앉히시니"(엡 2:6).

당신은 보좌에 앉은 중보기도자이다. 당신은 하나님 아버지 앞에서 권리와 특권을 가진다. 은혜가 이미 당신에게 충만하게 주어졌으니 영원하신 아버지께 부르짖을 수 있다. 만약 하나님이 당신을 더 축복하거나 더 높이실 수 있다면 그것은 삼위일체 하나님을 넘어서는 정도가 될 것이다!

예수님이 가지신 모든 권리를 당신도 가진다. 예수님이 갖추신

의로움을 당신도 갖추고 있으며, 예수님이 하나님 아버지 앞에서 받은 직책을 당신도 받았다. 그렇다. 지금은 기뻐할 때이다!

천국에는 어린양의 보혈로 구원받은 사람들이 있다. 그들은 하나님의 성도들이다. 바로 나와 당신이다. 기도로 예수님에게 이야기할 때 우리는 그분의 영광과 아름다움을 응시하는 보좌에 앉은 중보자들이다. 만약 영광 가운데 계신 예수님과 함께 이미 보좌에 앉아 있는 자신을 볼 수 있다면 당신의 기도 생활은 결코 전과 같지 않을 것이다.

이스라엘 백성은 하나님께 중보자가 되어달라고 요청했다. 그들은 하나님이 오셔서 자신들을 구원해주실 것을 믿었다. 그들의 간구를 들어보자.

"여호와의 팔이여 깨소서 깨소서 능력을 베푸소서 옛날 옛시대에 깨신 것같이 하소서 라합을 저미시고 용을 찌르신 이가 어찌 주가 아니시며"(사 51:9).

이제는 하나님이 응답하시는 말씀을 들어보자.

"시온이여 깰지어다 깰지어다 네 힘을 낼지어다 … 너는 티끌을 털어버릴지어다 예루살렘이여 일어나 앉을지어다 사로잡힌 딸 시온이여 네 목의 줄을 스스로 풀지어다(사 52:1,2).

하나님의 답은 깨어나 정신을 차리라는 것이다. 지금은 먼지를 떨어내고 영광의 옷을 입을 때이다. 당신이 속한 곳에 올라가 주님 옆에 앉으라. 그리하여 이 땅에서 하늘의 뜻을 이루라! 하나님은 보좌에 앉은 중보기도자가 되라고 당신을 부르신다!

너희가 이른 곳은 시온산과 살아계신 하나님의 도성인 하늘의 예루살렘과 천만 천사와 하늘에 기록된 장자들의 모임과 교회와 만민의 심판자이신 하나님과 및 온전하게 된 의인의 영들과 히 12:22,23

이기는 그에게는 내가 내 보좌에 함께 앉게 하여주기를 내가 이기고 아버지 보좌에 함께 앉은 것과 같이 하리라 계 3:21

여호와의 사랑을 입은 자는 그 곁에 안전히 살리로다 여호와께서 그를 날이 마치도록 보호하시고 그를 자기 어깨 사이에 있게 하시리로다 신 33:12

기도의 관점을 보좌로 옮기라

하나님은 그분의 백성에게 기도의 제단을 다시 쌓기를 요구하신다. 그분은 그리스도 안에서 교회가 신학적인 진리뿐 아니라 '기도할 수 있는 권세'를 가진 직책임을 깨닫도록 자신의 교회를 부르신다. 하나님은 그분의 알현실로 우리의 기도 제단을 가져오라고 요구하시며, 우리는 거기서 하나님의 뜻이 땅에서도 이루어지기를 기도하기 시작한다. 바울은 교회의 이러한 직책을 에베소서 1장에서 다음과 같이 정의한다.

그의 힘의 위력으로 역사하심을 따라 믿는 우리에게 베푸신 능력의 지극히 크심이 어떠한 것을 너희로 알게 하시기를 구하노라 그의 능력이 그리스도 안에서 역사하사 죽은 자들 가운데서 다시 살리시고 하늘에서 자기의 오른편에 앉히사 모든 통치와 권세와 능력과 주권과 이 세상뿐 아니라 오는 세상에 일컫는 모든 이름 위에 뛰어나게 하시고 또 만물을 그의 발 아래에 복종하게 하시고 그를 만물 위에 교회의 머리로 삼으셨느니라 교회는 그의 몸이니 만물 안에서 만물을 충만하게 하시는 이의 충만함이니라 엡 1:19-23

하나님의 부활 능력으로 예수님은 이 지상에서 벌어지는 온갖 잡음과 요동 그 훨씬 너머에 자리하게 되셨다. 이러한 안목을 얻게 되면 우리는 눈에 보이지 않는 영역을 믿음의 눈으로 들여다보고, 그런 다음에는 자연적인 차원에서는 불가능해 보이는 것들이 존재하도록 기도하기 시작할 것이다. 바울은 에베소서 2장 6절에서 예수님의 이러한 지위가 우리에게 어떤 의미가 있는지 말해준다.

"또 함께 일으키사 그리스도 예수 안에서 함께 하늘에 앉히시니."

만약 우리가 눈에 보이는 대로 주변에서 벌어지는 것만을 본다면 능력과 확신과 권위를 가지고 기도할 수 없을 것이다. 우리 기도는 천국의 관점으로 만들어지고 풀어져야 한다. 삶을 하나님의 관점에서 바라볼 때 주어지는 담대한 기도의 관점은 곧 하나님의 보좌 우편에 앉아 계신 예수 그리스도 안에 있는 우리의 신분에서 주어진다. 예수님은 오직 하나님 아버지가 하시는 일을 보고 그대로 행했다고 말씀하셨다. 우리도 마찬가지이다. 하나님의 뜻을 기도하는 것은 내가 먼저 하나님의 뜻을 이해해야 한다는 의미이다.

유리 바다에서 하나님께 간구하라

다른 사람들을 위해 은혜의 보좌(의로운 심판자의 보좌)와 새 언약의 중재자이신 예수님 앞에 나아가 필사적으로 거룩한 간청을 드려야 할 때가 있다(히 12:22-24). 중보기도자인 우리를 위해 하늘의 재판정이 열리는데, 그곳에서 우리의 변호자 되시는 예수님이 우리의 팔을 잡고 온 세상을 심판하시는 이에게 데려가신다!

너는 나에게 기억이 나게 하라 우리가 함께 변론하자 사 43:26

오라 우리가 서로 변론하자 사 1:18 ; 욥 23:3-7

당신이 자신을 변호하고 자기주장을 펼치는 일은 하나님을 기쁘시게 한다. 하나님은 우리를 재판정으로 초대하신다. 우리는 그럴 의도는 아니었지만, 중언부언하게 되기도 한다. 하나님의 말씀을 가지고 그 말씀을 하나님께 상기시켜드리라. 진정한 중보기도에 온 마음을 다할 때 하나님의 말씀이 당신을 긍휼로 가득 넘치게 할 것이다. 정당한 논리로 하나님의 임재에 나아갈 때 당신의 결심은 단단해질 것이다.

하나님을 이기는 사람은 두려워하지 않고 다음 단계를 위해 그분과 함께 논의한다. 믿음이 있는 자는 하나님께서 축복하실 때까지 그분과의 씨름을 멈추지 않는다. 이러한 '거룩한 씨름 경기'는 하나님의 이름에 대한 불타는 사랑의 마음을 표현한 것이다.

이러한 거룩한 논쟁은 하나님이 왜 우리의 간구에 응답하셔야 하는지 여러 가지 이유를 열정적으로 제시하는 것이다. 우리는 적이 아니라 하나님의 친구라는 신분으로 간구한다. 사탄의 분탕질을 끝장내기 위해서는 하늘 법정에 법원의 명령을 내려달라고 청원하라. 하나님 아버지와 함께 계신 당신의 변호자께서 필요한 언어를 주실 것이다.

성경의 기도는 모든 중보기도자들의 기본이다. 보좌의 관점에서 성경 말씀으로 기도드릴 때 우리는 완벽한 기도를 하는 것이다. 우리는 우리의 뜻이 아닌 하나님의 뜻을 위해 간구한다. 그러면 그분의 뜻이 그분이 쓰신 책인 성경에서 계시될 것이다.

하늘에 계신 당신의 하나님 아버지께서 당신을 보좌의 자리로 초청하셨다. 당신은 은혜의 보좌 앞에 간구와 요청을 가져갈 수 있다. 하나님은 그분이 선택하신 자인 당신에게 지혜와 사랑의 마음으로 응답하실 것이다.

보좌기도란

예수 그리스도의 부활 권세 안에 있는 기도

"그의 힘의 위력으로 역사하심을 따라 믿는 우리에게 베푸신 능력의 지극히 크심이 어떠한 것을 너희로 알게 하시기를 구하노라 그의 능력이 그리스도 안에서 역사하사 죽은 자들 가운데서 다시 살리시고 …"(엡 1:19, 20).

　사망은 예수님을 꺾으려고 했지만 감옥 문은 그리스도의 부활 능력으로 걷어차였다. 사망이 거짓 권세를 부리려 하는 상황을 만 난다면 그리스도 안에 있는 당신의 자리로 달려가서 하나님의 보 좌 앞에서 승리를 선포하는 기도를 하라. 이러한 기도를 드릴 때 이 땅의 나라들은 부활의 능력으로 요동칠 것이다.

하나님 아버지의 손길을 느끼는 기도
　"… 하늘에서 자기의 오른편에 앉히사"(엡 1:20).

　우리는 또한 그리스도에 합한 바 되었기 때문에 아버지의 오른편 에 있게 되었다. 그리스도께서 하나님 아버지의 오른편에 앉으셨으 므로 당신과 나는 그리스도 안에서 함께 거기에 있는 것이며, 그 자 리에서 믿음의 기도가 터지게 하시는 하나님과의 친밀함을 경험하 게 된다.

　믿음의 기도는 하나님을 알고 그분과의 친밀함을 경험한 사람들 에게서 탄생한다. 당신은 하나님에게서 멀리 떨어져 있지 않다! 절 대로 그렇지 않다! 당신을 구원하신 주님과 영원히 한 몸이라는 확 신을 가지고 기도하라.

세상의 혼란을 넘어선 자리에서 탄생하는 기도
　이 땅에서 벌어지는 사회적 정치적 경제적 갈등은 이러한 기도에 영향을 미치지 못한다. 위로부터의 기도는 아래의 조건들에 영향받지 않는다. 하나님의 보좌에서 기도할 때 당신은 그분의 자녀 된 신분으로 기도하는 것이다. 종교적인 면으로는 고집스럽고 어쩌면 지나친 듯이 보일지도 모르지만, 다른 사람이 어떻게 볼지는 염려하지 말라. 당신은 하루 24시간 7일 내내 하나님께 다가갈 수 있는 하나님의 자녀이다. 우리는 모든 것 위에 뛰어나신 분과 함께 있다.

"모든 통치와 권세와 능력과 주권과 이 세상뿐 아니라 오는 세상에 일컫는 모든 이름 위에 뛰어나게 하시고"(엡 1:21).

당신 안에서 그 확신이 자라게 해야 한다!

예수 그리스도의 머리 되심이 드러날 때 흘러나오는 기도

"또 만물을 그의 발 아래에 복종하게 하시고 그를 만물 위에 교회의 머리로 삼으셨느니라"(엡 1:22).

하나님의 보좌에서 땅을 향해서 하는 기도는 하나님과 상관없이 살아가는 세상 제도 안에 있는 지역들에 말할 것이다. 통치자의 권위가 질서를 가져온다. 하나님의 보좌에서 드리는 기도는 이 땅에서 하나님의 기쁨을 앗아가는 무질서와 반란을 제압하는 통치자의 권위를 선포할 것이다. 교회가 기도할 때 반란은 진압되고, 전쟁은 무마되며, 나라의 지도자들은 하나님의 말씀에 귀를 기울일 것이다.

현재 벌어지는 사회적 정치적 변화는 언젠가는 하나님 아버지 우편에 계신 그리스도 안에 자신의 자리를 잡고 기도하는 사람들에게로 돌아갈 것이다. 그 기도자들은 인간적인 시도로 하나님을 움직이려고 애쓰는 것이 아니라, 오히려 초자연적인 변화를 일으키는 하늘의 기름부음이 흘러내리게 할 것이다. 권위가 머리에서 흘러내리듯 성도들의 기도도 그러해야 한다.

많은 그리스도인이 생각하기에 도무지 무너질 것 같지 않은 성채, 변하지 않을 것같이 강고한 상황도 갑자기 변화될 것이다. 하나님은 바꿀 수 없어 보이는 일을 바꾸려 하신다! 그리고 당신의 기도가 바로 그 중대한 변화를 만들어낼 것이다!'

--------------------------------◆ 오 늘 의 기 도 ◆--------------------------------
Today's Prayer

하나님, 주께서 하지 못하실 일은 하나도 없는 줄 제가 압니다. 오늘 주님은 저를 당신의 알현실로 데려오셔서 기도하게 하셨습니다. 저는 당신께 영광을 돌리며, 기꺼이 당신의 중보기도자가 되어 그 자리에 앉습니다. 오늘 제게 주님이 원하시는 기도 제목을 주시옵소서. 제 기도를 통해 세상이 변화되기 원합니다. 아멘.

CHAPTER

24

불타는 그룹을 본 에스겔의 환상

… 그 불 가운데 단 쇠 같은 것이 나타나 보이고
그 속에서 네 생물의 형상이 나타나는데 …
그들에게 사람의 형상이 있더라
그 생물들이 갈 때에 바퀴들도 그 곁에서 가고 …
그 머리 위에 있는 궁창 위에 보좌의 형상이 있는데 …

에스겔서 1장 4,5,19,26절

THRONE ROOM PRAYER

에스겔은 환상을 보는 선지자였다. 그는 야곱과 나다나엘과 요한이 그랬듯이 하늘이 열리는 것을 보았다.

"서른째 해 넷째 달 초닷새에 내가 그발 강가 사로잡힌 자 중에 있을 때에 하늘이 열리며 하나님의 모습이 내게 보이니"(겔 1:1).

에스겔은 선지자인 동시에 제사장이었다(1:2). 성전 제사장직을 담당한 제사장이 정식으로 그 직분을 수행하기 위해서는 서른 살이 되어야 했다(민 4:3). 그해는 에스겔이 제사장으로서 사역을 시작하는 해였으나 그와 그의 백성들이 바벨론에 포로로 와 있어서 성전도 없고 행할 사역도 없었다. 모든 제사장은 성전에 들어가서 하나님 앞에 나아가 경배하기를 꿈꾸었지만 에스겔은 그런 기회를 얻지 못했다. 하지만 하나님은 이 에스겔이라는 제사장에 대해서 다른 계획을 가지고 계셨다. 그를 선지자로 기름 붓고자 하신 것이다.

에스겔은 서른이라는 나이에 파수꾼으로서 선지자적 사역을 시작하였다(겔 3:17). 그는 제사장으로 구별되었지만 동시에 이스라엘에 대해서 기름부음 받은 선지자가 되었다. 보좌에 앉혀진 중보기도자인 에스겔은 그발 강가에서 알현실의 만남을 가졌다. '그발'(Kebar)은 '오래전'이라는 뜻으로, 그 강은 하나님께서 영원부터 지켜오신 지식을 계시하시는 '오랜 강'이었던 것이다.

하나님의 거룩한 손이 에스겔에게 와서 그를 선지자로 기름 부으셨다. 즉시로 그는 성령의 세계로 들어가 거대한 폭풍을 보았는데, 그것은 신령한 역사의 회오리요 거룩한 허리케인이며 진리의 폭우였다. 얼마나 놀라운 환상인지! 빛나는 환상 속에 번쩍이며 소용돌이치는 구름기둥과 불기둥이 있었다. 그런 돌풍 속에 들어간 사람이 어떻게 살아나겠는가? 그것은 바람, 불 그리고 영적인 화산이었다.

에스겔의 환상 속에 나타난 것들

사람과 같은 네 생물의 형상

에스겔은 바로 눈앞에서 영광의 불길을 보았다! 이 불기둥을 지켜볼 때 그는 느부갓네살이 불 속에서 보았던 네 '사람'(단 3:25)과도 같은 네 생물을 보았는데, 그 생물들은 모두 사람의 형상으로 나타났다(겔 1:5). 에스겔이 본 이 생물은 불 속에 있는 중보기도자와 같다!

학자들은 에스겔이 본 생물을 그룹(cherubim)이었다고 결론지었다. 그룹은 주 예수 그리스도, 즉 하나님 앞에 선 인간의 영적 모습이다. 각 면에 얼굴을 가진 그 생물들은 각각 네 복음서에서 나타나는 예수님을 표현한다. 사람, 사자, 황소, 그리고 독수리의 얼굴이 있는데 그 각각이 인자이신 예수 그리스도의 네 가지 특성을 나타낸다.

또한 그것들은 우리의 위대한 중보기도자이신 예수님이 보좌 앞에서 행하신 사역을 표현하기도 한다. 보좌에 앉은 중보기도자들은 예수님과 하나 됨으로써 예수님의 사역에 동참하게 되고, 서로 날개를 맞닿으며 완벽히 일체를 이루어 나는 열정의 '그룹'이 된다!

중보기도자들이여, 이제 우리의 날개가 서로 맞닿을 때이다! 당신이 다른 사람과 팔(혹은 날개)을 걸고 예수님의 기도 동역자로 함께 그물망처럼 연결될 때 영광의 폭풍이 이 땅을 덮을 것이다.

생물의 영과 함께하는 바퀴들

그렇다면 바퀴는 어떠한가? 그리고 바퀴 안의 영적 생명체는 무엇인가? 나는 이 굴러가는 바퀴가 세 가지를 말한다고 믿는다.

첫째, 하나님의 바퀴는 전력의 발전기이다. 바퀴는 성도들이 땅에서 기도할 때 돌아간다. 기도를 많이 할수록 전력이 더 많이 발전된다. 바퀴를 돌게 하는 것은 성도의 기도이다.

둘째, 우리가 중보할 때 바퀴 안의 바퀴들은 마치 자이로스코프(gyroscope, 항공기나 선박의 평형 상태를 측정하고 방향 유지에 사용하는 기구)가 도는 것처럼 하늘의 영광이 도는 모습을 보여준다. 우리는 하나님 아버지의 앞자리에서 그분께 얼굴을 향하고, 사람들의 마음이 하나님을 경배하고 복종하도록 신령한 역사의 회오리가 휘몰아치게 해달라고 부르짖는다.

셋째, 바퀴들은 또한 통치에 관해 이야기한다. 지구가 그러하듯 하나님의 나라는 돌고 있다. 하나님의 보좌는 바퀴 위에 놓여 있다 (단 7:9). 우주를 통치하시는 이의 보좌는 회전하는 영광의 바퀴 위에 놓여 있다! 그리고 아버지 하나님께서 그 바퀴들 맨 위에서 통치하신다.

지구가 태양 주위를 돌며 자전(自轉)하는 것을 보면, 돌고 있는 바퀴 안에서 또 바퀴가 회전하는 것이 어떻게 가능한지 상상할 수 있을 것이다. 지구는 자전하면서, 또 자전하는 태양의 둘레를 공전한다. 이것이 하나님께서 우주를 운행하기 위해 창조하신 방식이다. 하나님께서 구속하신 이들, 즉 그분의 살아있는 피조물들이 수정 바닥 위에서 기도할 때 모든 것이 하나님의 보좌 주위를 돈다.

그리고 바퀴는 저 혼자서 움직이지 않는다. 누군가 밀거나 당기거나 굴려야 한다. 바퀴가 돌게 하려면 어떤 힘이나 능력이 가해져야 한다. 에스겔의 환상은 바퀴를 돌게 하는 '생물들의 영'에 관한 것이었다. 마치 생물 그 자신들이 바퀴가 구르는 힘을 행사하는 것 같이 보였지만, 그들은 영의 능력으로 바퀴를 움직였다.

그들이 가면 이들도 가고 그들이 서면 이들도 서고 그들이 땅에서 들릴 때에는 이들도 그 곁에서 들리니 이는 생물의 영이 그 바퀴들 가운데에 있음이더라 겔 1:21

생물들(중보기도자들)이 그들 안에 계신 하나님의 성령의 능력으로 하나가 되어 움직일 때, 하나님의 통치(바퀴에 놓인 그분의 보좌)가 움직인다. 그들이 중보기도 안에서 일어서면 하나님의 바퀴들도 그들을 따라서 일어선다. 하늘과 땅의 동역이 일어나기 시작하는 것이다.

기도로 나아갈 때마다 보좌 앞에 펼쳐지는 광경

바퀴들은 무지개 광선을 가지고 높이 있고, 바퀴 안에는 또 바퀴들이 있다. 그 생물들의 머리 위에는 얼음처럼 빛나는 사파이어(남보석)와 같은 값비싼 것이 펼쳐져 있다. 잠시 생각해보라. 당신이 하나님께 기도를 드리는데 사파이어 바닥 위에 서 있다! 그것은 마치 불이 섞인 거대한 유리 바다와 같고, 반짝이는 사파이어 바닥은 빛나는 불꽃이 이글거리는 수정처럼 맑다(계 4:6, 15:2).

당신은 이때 그룹들의 날갯짓 소리를 들을 수 있다! 그들의 날갯짓이 얼마나 힘차던지 마치 군대와 같고 하나님의 목소리와 같았다. 그들이 바퀴를 굴릴 때는 바람이 크게 인다. 이것은 종말의 때를 사는 하나님의 중보기도자들의 모습이고, 하나님의 능력이 나타나기를 부르짖으며 기도하는 당신과 나의 모습이다.

또 생물들의 모양은 타는 숯불과 횃불 모양 같은데 그 불이 그 생물 사이에서 오르락내리락하며 그 불은 광채가 있고 그 가운데에서는 번개가 나며 그 생물들은 번개 모양같이 왕래하더라 겔 1:13,14

하나님의 그 생물들은 번쩍이는 번개와 같다. 그들은 지휘관에게서 받은 명령을 수행한다. 세례 요한이 그랬던 것처럼 당신도 빛을 내며 타오르는 횃불이 될 수 있다. 하나님의 번개가 당신 안에서 번쩍이기를!

에스겔이 보았던 장면을 다시 살펴보자. 회오리와 영광의 무지개, 벽옥 보좌, 사파이어 박석, 그룹들, 그리고 하나님의 임재를 나타내는 구름, 번쩍이는 번개, 밝은 빛으로 둘러싸인 보좌 아래의 영적 존재들, 단 쇠 같아 보이는 불의 중심, 환하게 빛나는 하나님의 광채, 그리고 반짝이는 바퀴들.

이런 장면을 상상하면 기도에 더 생동감이 넘치고 가슴이 설레는가? 이런 천상의 회오리 앞에서 기도드리면서 어떻게 지루함을 느낄 수 있겠는가? 압도당하지 않을 재간이 없을 것이다. 하나님 앞에 기도하기 위해 나아갈 때마다 이런 장면이 연출된다는 점을 기억하라. 얼마나 멋진 모험인가!

보좌 앞에 서면 약속의 무지개가 당신을 감싼다. 자세히 본다면 모든 성도가 금관을 쓴 것이 보일 것이다! 중보기도자로서 보좌 앞에 설 때 우리는 머리에 금관을 쓴다. 하나님께서 우리에게 내려주신 크신 명예이다! 상상할 수 있겠는가?

보좌에서 흘러나온 강력한 응답으로 우리의 기도에는 힘이 실린다. 우리가 기도 중에 하나님 앞에 마음을 가져가 쏟아놓을 때마다, 천사는 그의 손에 향을 들고 그것을 하늘의 제단에서 나오는 불과 섞어서 땅으로 던진다. 이 불이 지구의 대기 속에서 영적 천둥이 되는 강력한 힘의 파동을 만들어낸다. 이것이 우리에게 기도할 수 있도록 힘을 줄 것이다!

보좌 주위에서 천사들이 "거룩하다!"라고 외친다. 하나님을 더 볼수록 더 많이 외친다. 그분의 영광을 본다면 당신은 결국 무엇을 외치겠는가? 하나님은 우리를 초대하셔서 각자 한 사람 한 사람이 거룩한 연기를 뿜는 구름을 통과하고, 사파이어 박석이 깔린 바닥을 걷고, 반짝이며 구르는 바퀴를 지나고, 무지개와 번쩍이는 번개, 천둥소리를 지나 하나님의 목적에 참여하게 하신다.

우리는 하나님의 통치와 개입을 요청하는 하나님나라의 관료들이다! 당신의 중보기도는 왕국의 시급한 업무이다. 하나님은 왕 중의 왕이시며, 우리는 그분의 충성된 제사장이다(계 1:6, 5:10). 우리는 왕들을 다스리는 분을 중재한다. 이렇게 생각하면 정체성의 위기를 겪고 있는 이들에게 도움이 될 것이다.

왕께서 그분의 보좌로 우리를 초대하고 그분의 사랑으로 우리를 씻겨주신다. 우리는 중재하는 왕들로서 그분과 함께 보좌에 앉는다! 창세기 2장은 하나님께서 사람을 이 땅의 주인으로 삼고 그에게 살아있는 모든 것을 지배하고 권세를 행사하는 힘을 주셨다고 말씀한다.

예수님은 당신의 기도에 '아멘'으로 응답하기를 원하신다(계 3:1). 그분의 보좌에 앉은 중보자의 한 사람으로서 주님과 함께하라. 우리는 하나님과 함께 호흡하도록 지음 받았다. 당신이 기도할 때마다 운명이 바뀐다. 믿음과 용기, 담대함과 보혈의 능력으로 하나님께 다가가라. 하늘에 속한 지혜와 은혜와 전략들이 왕의 알현실에서 흘러나온다. 우리에게 필요한 그 응답들은 지상에 속한 것이 아니기 때문이다. 하나님의 바퀴는 우리의 기도에 맞추어 돌아간다. 우리의 기도는 그토록 강력하다!

그러나 너희가 이른 곳은 시온 산과 살아계신 하나님의 도성인 하늘의 예루살렘과 천만 천사와 하늘에 기록된 장자들의 모임과 교회와 만민의 심판자이신 하나님과 및 온전하게 된 의인의 영들과 새 언약의 중보자이신 예수와 및 아벨의 피보다 더 나은 것을 말하는 뿌린 피니라 히 12:22-24

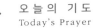

오늘의 기도
Today's Prayer

하나님 아버지, 오늘 하늘의 영역에서 주께 가까이 나아갑니다. 기도의 동역자이신 예수님 옆에 앉아 모든 간구를 당신 앞에 올려드립니다. 오늘 제가 기도할 때 저를 주님이 원하시는 대로 사용하여주소서. 당신을 알게 하시고, 기도의 사역을 잘 감당할 수 있도록 선지자적 계시를 허락하여주소서. 나의 왕 나의 하나님, 오늘 주님 앞에 제 마음을 쏟아놓습니다. 아멘.

25

예수님의 기도 동역자

하늘은 여호와의 하늘이라도
땅은 사람에게 주셨도다

시편 115편 16절

그리스도의 몸인 교회에 지금 무슨 일인가가 벌어지고 있다! 우리 주 예수 그리스도께서 함께 세상을 다스릴 신부를 준비시키고 계시는 것이다. 그분은 그분의 우주를 다스리는 일에 우리가 참여하기를 원하신다. 기도로 하나님의 아들과 동역할 때 우리는 이 지구라는 별을 향한 아버지의 뜻을 이루는 예수님의 '배우자'가 된다. 예수님이 그분의 보좌를 우리와 공유하기 원하신다니, 위대한 신비로다!

하나님은 지구의 지배권을 인류에게 주셨다. 첫 사람 아담과 하와는 하나님의 대리자요 지구의 통치자가 되도록 창조되어 지구를 다스리는 일을 맡았다. 그러나 이기적인 자만심과 독립심이라는 어둠에 빠진 인류는 이 다스림의 권리를 박탈당했다. 예수님은 이 땅에 오셔서 그분과 함께 다스리고 통치할 수 있도록 우리의 권리를 회복시켜주시고 함께 다스릴 사람들을 세우셨다. 그러니 기도할 때 자신이 정말로 하늘에 닿아 있고 이 땅을 변화시키고 있음을 잊지 말라.

마귀가 이 땅 위에서 힘을 행사할 수 있는 것은 오직 교회가 굴복하여 그의 지배를 허락할 때뿐이다. 교회는 이 지상의 통치자로서 모든 일에서 하나님나라의 권위를 행사해야 한다. 기도는 하나님과 친밀한 가운데 어둠의 역사를 깨부수고 이 땅에 빛과 영광의 역사를 펼친다.

하나님의 언약적 동역자이자 공동상속자인 우리는 우리 안에 그분의 생명을 가지고 있으며, 하나의 공동 생명을 공유하는 자들이다. 우리는 하나님의 형상을 따라 우리의 행위가 그분의 사역을 배가시키고 증폭시키도록 해야 한다. 우리 삶의 목표는 사역을 행하는 것 그 이상이 되어야 하며, 또한 우리는 이렇게 말할 수 있어야 한다.

"이는 내게 사는 것이 그리스도니 죽는 것도 유익함이라"(빌 1:21).

하나님은 그분의 아들을 너무나 사랑하셔서 그를 닮은 사람들로 하늘과 땅을 채우기로 하셨다는 점을 기억하라. 당신만이 하늘로 가는 단 한 명이 아니다. 당신은 땅의 경험을 가진 하나님 아들의 복제본이다!

그리고 당신은 언젠가 우주를 통치하게 될 것이기에 당신의 삶은 현장 직무연수(O.J.T)와도 같다. 하나님나라를 통치하기 위한 훈련을 받고 다스림을 배우러 학교를 다니는 것이다! 이 땅에서의 워크숍을 통해 당신은 예수 그리스도와 함께 천사들과 나라들을 영원히 다스리는 보좌에 앉을 준비를 마치게 될 것이다.

힘을 내라, 중보기도자여. 당신은 예수님이 찾으시는 성실한 기도 동역자가 되어야 한다. 주님의 눈이 당신을 응시하며, 당신의 마음이 영원한 목적을 탄생시키는 구유임을 보게 되기를! 예수님의 십자가를 진리의 횃불로 삼고 보좌의 자리에 앉은 당신은 침노함으로 천국을 차지한다. 당신은 하나님의 기적적인 능력을 직접 체험하고 누구보다 잘 아는 사람이다.

기도의 영

성령님은 우리에게 기도를 가르치러 오셨다. 그분에게 순복할 때, 그분에게 자리를 내어드리고 아주 작은 것이라 할지라도 순종할 때 성령님은 당신을 기도로 인도하신다. 당신 안에 있는 생명은 기도의 생명이다. 성령님은 무엇을 기도해야 하는지 아시며, 당신의 인격적인 기도 멘토가 되기를 기다리신다. 그분은 우리가 그분 안에서 기도할 때 우리의 기도에 개입하고 동역자가 되신다(롬 8:26,27).

당신이 하나님과 교제할 때 성령님이 당신 가운데 임재하시고 기도의 영이 당신을 채운다. 성령 안에서 살 때 기도가 내면에서 올라오기 때문이다. 우리가 하나님과 함께 움직이면 하나님은 우리와 함께 움직이신다. 하늘의 마음이 당신 가운데 임할 때 하나님의 마음을 흡족하게 할 수 있다. 이때 당신에게서 나오는 기도로 하늘을 움직일 수 있다.

엘리야는 기도의 영을 통해 기도했다. 그가 다른 사람들과 유사한 문제와 열정을 가지고 기도할 때 하늘의 문은 닫혀 있었다. 그가 다시 기도하자 비로소 하늘 문이 열렸다. 엘리야는 기도의 영이 임재하는 가운데 함께 기도했다.

"엘리야는 우리와 성정이 같은 사람이로되 그가 비가 오지 않기를 간절히 기도한즉 삼 년 육 개월 동안 땅에 비가 오지 아니하고"(약 5:17).

그야말로 엘리야는 기도의 영과 함께 기도했고, 기도의 영 안에서 기도했다. 그가 기도할 때 그의 안에 계신 성령의 진정한 기도가 터져 나왔다. 기도한 것은 그였지만 실은 성령께서 그를 통해 기도한 것이다. 엘리야는 자신 안에 계신 성령의 기도 동역자가 되었다. 성령과 엘리야는 같은 기도 제목을 가지고 함께 기도했다. 교회가 하늘의 열린 문으로 들어가기 위해서는 이런 방식의 기도가 제대로 드려져야 한다.

우리가 기도할 때 우리의 영과 성령은 하나가 되어 하늘로 들어갈 것이고, 기도의 응답이 이루어질 것이다. 이런 기도 방식은 하나님의 뜻뿐 아니라 하나님 자신을 표현한다. 우리가 아버지께 기도할 때 하나님의 생명이 우리 안에 흐르게 된다. 하나님께서 기도하실 때 당신은 그분과 함께 기도하며, 당신이 기도할 때 하나님은 당신과 함께 기도하신다. 그분은 철저히 안팎으로 당신과 하나이다! 이런 기도의 순간에 당신과 하나님은 하나로 어우러져 있어 분리될 수 없다.

하나님의 친구인 우리는 서로의 문장을 완성시켜야 한다. 우리는 서로를 그만큼 잘 알고 있다! 당신이 기도할 때 속삭이시는 하나님의 생각을 들으라. 이것이 바울과 유다가 말하는 "성령으로 기도"함(엡 5:18 ; 유 20)이다. 중보기도자의 영과 하나님의 영이 하나님께 기도 응답을 위해 부르짖는다. 이러한 하나님과 인간의 기도 연합은 우주가 기다리는 바이다.

"교회는 그의 몸이니 만물 안에서 만물을 충만하게 하시는 이의 충만함이니라"(엡 1:23).

하나님의 그릇이 돼라. 그리하여 보좌 앞 유리 바다 위에서 드리는 기도라는, 신과의 영원한 합주에 참여하라.

전능자와 아들 주식회사

하나님 아버지께서 하늘의 건설 사업에 당신을 합류시켰다. 사장은 아버지이시지만, 당신은 그분의 자녀이므로 사업을 운용하는(나라를 다스리는) 데 요구되는 법적 문서에 공동 서명자이다. 하나님에게는 예수 그리스도의 신부인 당신과 동역하시려는 계획이 있다. '전능자와 아들'사(社)의 동역자가 되기 위해 우리가 꼭 해야 할 것들이 몇 가지 있고, 우리를 위해 하나님께서 하지 않으실 일들도 있다.

우리는 기도하고 금식하고 아낌없이 베풀고 전도해야 한다. 하나님의 말씀을 공부하고 가족을 사랑하며 미전도 부족에게 선교하고 지역교회를 섬기며 하나님 안에서 풍성하고 헌신된 삶을 살도록 성장해야 한다. 이 모든 일이 우리의 행위와 실천을 기다리고 있다. 이런 일에서 우리를 대신하는 것이 하나님의 역할이 아니다. 여기에 하나님의 비밀과 신비가 있다.

바울은 하나님의 은혜에 헌신했던 사람이다. 그는 하나님께 더 바랄 것이 없다고 자신이 받은 은혜를 고백했다. 그러나 절제되지 않은 생활로 그 은혜를 낭비하는 것은 거부했다. 그는 하나님의 은혜 안에서 힘써 일했다. 그는 모든 일에서 어린양의 제자가 되기 위해 은혜라는 에너지를 사용했다. 그러나 모든 일이 끝났을 때 그는 자신이 행한 일들이 오직 하나님의 은혜였다는 것을 알았다.

"그러나 내가 나 된 것은 하나님의 은혜로 된 것이니 내게 주신 그의 은혜가 헛되지 아니하여 내가 모든 사도보다 더 많이 수고하였으나 내가 한 것이 아니요 오직 나와 함께하신 하나님의 은혜로라"(고전 15:10).

은혜를 받은 사람은 힘써 일한다. 은혜는 우리에게 일을 마칠 힘을 준다. 은혜는 신령한 에너지로 동역할 능력을 준다. 하나님은 계속해서 당신에게 새로운 활기를 불어 넣으시고, 당신 안에 그분을 기쁘게 만드는 일을 하도록 열정을 심으신다. 그러나 우리는 여전히 날마다 현실의 구원을 이루기 위해 일해야 한다(빌 2:12,13).

하나님의 동역자

하나님은 기도라고 부르는 이 상호작용을 통해 우리가 그분의 뜻과 행위에 맞추도록 하셨다. 기도는 하나님을 움직인다. 전능하신 하나님께서 우리의 기도로 행하시게 된다.

그분은 모든 것을 알고 계시지만, 어떤 기적과 일은 우리가 기도하고 구할 때까지 보류하신다. 하나님은 이집트에서 히브리 노예들의 고통을 보고 듣고 느끼셨다고 모세에게 말씀하셨지만, 그들의 부르짖음이 하나님에게 부담이 되어서 더 이상 참을 수 없을 때까지 기다리고 또 기다리셨다(삿 10:16).

중보기도는 하늘을 활성화시킨다. 그것은 기적이라는 하늘의 고속도로로 들어가는 진입도로이다. 기도는 이 땅에 능력이 오게 한다. 신비할 따름이다!

창세기 2장에 따르면 하나님은 자신의 미래를 판단하고 결정할 의지와 능력을 가진 사람을 창조하셨다. 하나님이 의지를 가지시듯 사람도 의지를 가진다. 사람의 의지가 하나님의 의지와 일치하지 않을 때 하나님은 제한받으신다. 사람의 의지가 하나님의 계획과 목적에 영향을 미친다. 예수 그리스도의 교회는 하나님의 나라를 확장시킬 수도 있지만, 그 나라의 도래를 지연시킬 수도 있다.

교회가 그 뜻을 하나님 아래 내려놓을 때 하나님은 영원에서 움직이실 때와 같은 방식으로 이 땅에서 움직이실 것이다. 만일 우리가 여기에서 하나님을 반대하지 않는다면 하늘의 뜻이 이 땅에서 이루어질 것이다. 교회가 결정하면 하나님이 움직이신다. 주님은 하나님의 동역자로서 그분과 함께 일할 신부를 원하신다(고후 6:1).

이스라엘이 예전에 약속을 받았던 광야에서 유랑할 때 신실하신 하나님은 거의 백만 명에 가까운 사람들에게 음식과 물을 포함하여 그들에게 필요한 모든 것을 공급하셨다. 이것은 하나님께서 이스라엘 백성들과 하나가 되셨음을 그들에게 계속해서 상기시키신 놀라운 기적이었다. 하나님께서 행하신 놀라운 기적들 중에서 물을 공급하셨던 이야기를 들어보자.

거기서 브엘에 이르니 브엘은 여호와께서 모세에게 명령하시기를 백성을 모으라 내가 그들에게 물을 주리라 하시던 우물이라 그 때에 이스라엘이 노래하여 이르되 우물물아 솟아나라 너희는 그것을 노래하라 이 우물은 지휘관들이 팠고 백성의 귀인들이 규와 지팡이로 판 것이로다 하였더라 그들은 광야에서 맛다나에 이르렀고 민 21:16-18

하나님은 그들을 물이 있는 장소로 데려가셨지만, 그들이 물을 얻기 위해서는 우물을 파야 했다. 바로 그것이 하나님과의 동역이다. 하나님은 우리의 참여를 요구하시고, 하나님의 목적이라는 보물을 발견하고 그것을 성취하기 위해 적극적으로 실천하는 동역자를 찾으신다. 그러한 '왕자'와 '귀족'은 이러한 원칙을 완전히 이해하고 실행에 나선 동역자들이다.

당신은 우물을 파고 있는 '귀족'인가? 당신은 하늘의 동역자가 될 것인가 아니면 하나님께서 당신에게 무슨 일을 하라고 부르실 때까지 기다리고 또 기다리는 사람이 될 것인가? 힘써 노력하지 않는 사람은 하나님께서 축복하실 수 없다.

하나님의 목적을 알고 왕의 알현실로부터 흘러나온 우리의 우물을 노래(예언)할 때, 우리는 신령한 동역으로 들어가서 기적의 장소(초자연적으로 물이 흐르는 곳)에 이르게 된다. 하나님의 명령을 행하는 위대한 이들이여, 자신의 손에 든 권세의 홀과 권력의 지팡이를 사용하여 물이 흐르도록 하라!

먼저 기도로 씨를 뿌려야 거둔다

씨를 뿌려야 수확을 얻게 되는 놀라운 원칙은 기도에도 적용된다. 하지만 많은 사람이 그 방식을 이해하지 못한다. 이것은 재정적인 원칙이기만 한 것이 아니고 영적인 에너지를 받은 생명에게는 근본적인 원칙이다.

이사야서 61장 11절에서 하나님은 공의가 모든 나라 앞에 솟아나게 하겠다고 약속하신다. 이것은 신랑이자 왕이신 분과의 거룩한 동역에서 생기는, 영광된 교회에 대한 선지자적 약속이다. 이 선지자적 예언은 이루어질 것이다. 봄이 되면 땅의 정원에 새로운 생명의 성장이 일어나듯이 하나님의 목적은 분명히 꽃처럼 피어나고 나타날 것이다.

하지만 먼저 씨 뿌림이 있어야 한다. 싹이 틀 것을 기대하려면 먼저 심은 것이 있어야 한다. 땅에 뿌려진 것만이 새로운 생명으로 싹을 틔울 것이므로, 공의와 찬양이 싹터서 열방에 빛을 가져오게 하려면 사람이 하나님과 동역하여 공의와 찬양의 씨앗을 심어야만 한다. 하나님은 올바른 씨앗을 심어서 땅에서 옳은 열매를 맺게 할 그분의 자녀를 원하신다. 우리가 공의와 찬양이라는 열매를 거두고자 한다면 그와 같은 종류의 씨를 심어야 한다!

이 이야기를 들어보라. 장차 열방에 빛과 능력을 나타내는 영광스러운 교회의 모습은 침묵하지 않으며 하나님께서 약속을 이루실 때까지 쉬지 못하시게 기도하는 이 땅의 파수꾼들에게 달려 있다. 그들은 기도자로 임명받았으며, 추수 때 공의를 거두기 위하여 기도로 씨를 뿌리는 자들이다. 기도로 하나님과 동역하는 사람이 없는 곳에는 공의가 발견되지 않으며, 나라는 망하고 만다. 우리가 원하는 장대한 목표를 이루기 위해서는 하나님의 뜻과 교회의 활약 사이에 높은 수준의 협력이 있어야 한다. 신이 난 기도자는 영광의 빛이 우리에게 비칠 때까지 침묵하지 않고 계속해서 기도할 것이다!

우리는 사람의 일뿐 아니라 미래의 사건을 결정하는 것까지도 하나님과 함께 일한다. 만일 우리가 예수님과 함께 기도하기를 배운다면, 그분의 기도가 숨결같이 이 땅에 가득하도록 함께 기도한다면 우리는 역사를 이룰 수 있다. 태양에 머무르라고 명령을 내린 여호수아를 생각해보라. 하나님에게는 그러한 기적을 이루기 위해 기도의 동역자가 필요했다.

어떤 면에서는, 하나님은 이 땅에 이루기 원하시는 모든 일에 그 왕의 알현실에서 하나님과 함께 일하며 그 일을 성취해갈 사람을 원하신다. 우리는 주님의 목소리이자 그의 손에 들린 공의의 홀이다. 구약의 대제사장은 혼자서 성소에 들어갔으나, 우리의 위대한 대제사장은 우리를 동역자로 부르시며 지성소에 함께 들어가자고 초청하신다.

하나님 아버지는 그 아들로 교회의 머리가 되게 하셨다. 예수님은 머리이시고 우리는 그의 몸이다(고전 12:27). 그러나 그 머리는 몸에게 "내가 너를 쓸 데가 없다"라고 말할 수 없다(고전 12:21). 예수님은 하나님 아버지의 계획을 이루기 위해 그분의 몸이 필요하다. 우주의 운명은 모두 머리와 몸을 기다리는 것이다. 그 둘이 하나 되어 움직일 때 우리는 하나님 아버지의 성품을 온전하게 표현하게 된다. 그럴 때 예수님은 그분의 "머리 둘" 곳을 찾으실 것이다 (눅 9:58).

미래를 만드는 사람들

기도는 미래를 만드는 힘으로, 하나님이 그 약속을 이루시도록, 땅이 하늘에 응답하도록 움직이게 한다. 미래는 중보기도자에게 달려 있다. 그들은 눈에 보이는 것들에 영적인 저항을 하고 땅의 일에 새로운 필연성을 주장하는 자들이다. 소망에 대한 견해를 가진 중보기도자들은 자신들이 기도할 때 어떤 일이 일어날 수 있는지에 대한 비전으로 꽉 차 있다.

하나님은 중보기도자가 기도하면 이 땅의 모든 일에 개입하실 것이다. 하나님의 뜻에 일치된 기도는 꿈꾸던 미래를 가져오고, 바라던 일이 실현되게 할 것이다. 당신은 미래를 만드는 사람이 되겠는가? 왕의 알현실에 들어가 예수님과 팔짱을 끼고 그분의 동역자가 되겠는가?

하나님은 자신과 뜻을 같이하는 땅의 존재를 찾으신다. 우리가 왕의 알현실에서 우리의 자리를 취할 때 우리를 창조하신 진정한 목적이 비로소 이루어지게 된다. 하나님에게는 이 땅에서 바뀌어야 하는 것들에 대한 지배권을 행사할 대리자와 동역자가 있다. 하나님은 우리가 영원의 의회에 참여하도록 허락하신다. 알현실과의 연합으로 들어가서 "주의 나라가 오게 하시고, 뜻이 하늘에서 이루어진 것같이 땅에서도 이루어지이다"라고 부르짖는 것이 우리의 지상 과제이다.

하나님은 기도로 자신과 동역할 사람을 찾으신다. 우리의 기도는 사람의 필요를 채울 뿐 아니라 하나님의 필요를 채운다. 우리의 마음이 합치(땅과 하늘)된 기도로 하나가 됨으로써, 하나님께서 바라시는 미래가 보좌에서 이루어져 내려온다.

기도는 하나님 아버지의 뜻을 땅으로 전달하는 그분의 열린 문이다. 그래서 하나님은 우리에게 구하고 찾고 두드리라고 간곡히 권면하신다. 하나님께서 타락한 세상에서 그분의 전략을 온전하게 시행하시려면 이러한 긴요한 명령이 반드시 이행되어야 한다.

우리는 명령하도록 명령을 받았다. 우리는 계속해서 기도로 개입하고, 병든 자, 가난한 자, 잃어버린 자, 연약한 자들을 위해 간구하라는 요구를 받았다. 어떤 의미로는, 기도는 하나님께 그분의 나라를 가까이 오게 해달라고 주문하는 것이다.

현재가 바람직한 미래로 환원되기 위해서는 우리에게 주어진 권세를 사용해야 한다. 이제 우리에게 주어진 하늘의 권세를 사용하여 하나님의 목적과 계획으로 이 땅이 뒤덮이게 할 때이다.

우리의 기도는 하나님을 깨우고 그분이 움직이시도록 추동한다. 그 기도들은 하나님께서 자유롭게 우리를 대신하여 행동하시도록 만든다. 천상에 있는 하늘의 수도에 편지를 보내고, 그 편지가 분류되어 읽히고 답장이 되게 하는 것이 기도이다. 우리의 말에는 힘이 있다. 그것들은 하나님과 동역하며 미래를 함께 만들어가는 공동 창조자로서의 힘을 가졌다. 하나님은 교회에 이렇게 말씀하신다.

"나의 영역이 너의 영역을 창조했지만, 너의 영역이 기도를 통해 나의 영역을 움직인다. 내가 세상을 움직이도록 나를 움직여라. 그러면 나는 내 왕국을 너에게 줄 것이다. 나는 내 왕국에서 네가 기도로 취한 것들에 네 것이라는 표식을 붙여줄 것이다."

이러한 하나님나라의 실재를 알게 되니 어떤가? 이 땅의 무너진 곳들에 하나님의 나라가 임하도록 더 기도하고 싶지 않은가? 기도는 소극적인 태도에서 벗어나게 하며, 어둠만 있는 곳에 창조의 행위를 가져오는 수단이 된다. 우리가 기도하는 목소리는 하나님께서 하실 일을 알리는 트럼펫 연주가 된다. 아마도 우리는 열정적인 기도라는 수단으로 하늘의 제단에서 이 땅으로 타오르는 숯불을 던지는 천사일지 모른다(계 8장).

예수님의 멍에(마 11:28-30)는 고된 노역을 상징하는 것이 아니라 당신을 그분에게 함께 묶어주는 멍에이다. 그것은 사람과 신을 연합시킨다. 이것이 구유에서 벌어지는 일이다. 신이자 사람인 분이 앞으로 올 사람들의 원형이 되어주기 위해 태어나셨다. 우리 주 예수님은 사람으로 태어나서 이 멍에를 메셨다. 이제 예수님은 이 멍에를 그분의 교회로 확장하셔서 함께 메자고 하신다. 하늘의 일을 하기 위한 신과의 동역이라는 멍에를.

땅은 거룩한 하나 됨 가운데 하늘과 함께 다스리도록 초대받는다. 그것이 우리가 어린양과 그의 신부의 결혼식에 초대되어 갈 때 하나님께서 우리에게 원하시는 것이다. 그것은 협력하는 기도를 결단하는 것이다. 당신과 하나님은 거룩한 협업을 이룬다. 하나님의 목적은 당신에게 예수 그리스도의 형상을 반영하여, 그의 능력을 나타내고 그의 기도를 하는, 그와 닮은 사람으로 만드는 것이다.

당신이 "나는 기도할 뿐이라"(시 109:4)라고 말했던 다윗처럼 말할 수 있는 날이 올 것이다. 그렇다, 히브리어 원문은 "나는 기도자라!"라고 되어 있다. 하나님에게 기도자가 된 민족이 있게 될 것이다. 사람과 기도를 분리할 수 없다. 하나님의 동역자로 기도하는 일이 어느 날엔가 당신을 기도 그 자체가 되게 만들 것이다! 사랑하는 이여, 이제 예수님의 기도 동역자가 될 때이다!

오 늘 의 기 도
Today's Prayer

하나님 아버지, 제게 형제자매를 더 많이 사랑할 수 있도록 더 큰 사랑을 주소서. 함께 기도하는 저희의 교제가 언제나 달콤하고 생명을 주게 하소서. 제가 다른 믿는 이들과 유대감을 갖도록 도우소서. 다른 사람보다 저를 앞세우는 마음을 내려놓습니다. 주님이 제자들과 동행하셨던 것처럼 저도 다른 사람들과 동행하게 하소서. 그리하여 날마다 사랑과 자비를 베풀게 하소서. 아멘.

왕의 알현실

초판 1쇄 발행	2020년 6월 22일
지은이	브라이언 & 캔디스 시몬스
옮긴이	임신희

펴낸이   여진구
책임편집   최현수
편집   이영주 김윤향 안수경 최은정 김아진 정아혜
책임디자인   조아라 | 마영애 노지현 조은혜

기획 · 홍보	김영하	해외저작권	기은혜
마케팅	김상순 강성민 허병용	마케팅지원	최영배 정나영
제작	조영석 정도봉	경영지원	김혜경 김경희

303비전성경암송학교 유니게과정   박정숙 최경식
이슬비전도학교 / 303비전성경암송학교 / 303비전꿈나무장학회   여운학

펴낸곳   규장

주소 06770 서울시 서초구 매헌로 16길 20(양재2동) 규장선교센터
전화 02)578-0003   팩스 02)578-7332
이메일 kyujang0691@gmail.com   홈페이지 www.kyujang.com
페이스북 facebook.com/kyujangbook   인스타그램 instagram.com/kyujang_com
카카오스토리 story.kakao.com/kyujangbook
등록일 1978.8.14. 제1-22

ⓒ 한국어 판권은 규장에 있습니다.
이 출판물은 저작권법에 의해 보호를 받는 저작물이므로 무단 전재와 무단 복제를 할 수 없습니다.

책값   뒤표지에 있습니다.
ISBN 979-11-6504-088-8   03230

규 | 장 | 수 | 칙

1. 기도로 기획하고 기도로 제작한다.
2. 오직 그리스도의 성품을 사모하는 독자가 원하고 필요로 하는 책만을 출판한다.
3. 한 활자 한 문장에 온 정성을 쏟는다.
4. 성실과 정확을 생명으로 삼고 일한다.
5. 긍정적이며 적극적인 신앙과 신행일치에의 안내자의 사명을 다한다.
6. 충고와 조언을 항상 감사로 경청한다.
7. 지상목표는 문서선교에 있다.

하나님을 사랑하는 자 곧 그의 뜻대로 부르심을 입은 자들에게는 모든 것이 合力하여 善을 이루느니라(롬 8:28)

규장은 문서를 통해 복음전파와 신앙교육에 주력하는 국제적 출판사들의
협의체인 복음주의출판협회(E.C.P.A:Evangelical Christian Publishers
Association)의 출판정신에 동참하는 회원(Associate Member)입니다.